인생의 밑줄

김경집의
인문
아포리즘

인생의　　　　　밑줄

한겨레출판

사유가 이끄는 농밀한 삶을 채우고
누릴 시간을 위한 작은 편지처럼

사는 게 만만하지 않다. 그렇게 살아왔고 그렇게 살 것이다. 그렇다고 무미한 일색도 아니고 힘겨운 삶 일변도도 아니다. 온갖 굽이를 휘돌고 직선대로에서는 질주하다 골목에서 숨을 고르며 쉬기도 하면서 살았다.

"우물쭈물하다가 내 이럴 줄 알았지."

버나드 쇼는 그렇게 자조적인 말을 자신의 묘비명으로 삼았지만 우리는 그의 삶에 미치지 못했으니 그 말조차 사치일까? 아니다. 그런 삶, 그런 사람 없다. 누구나 자신의 삶은 고유하고 특별하다. 힘, 돈, 앎의 너비와 깊이는 다소 다를지라도 '산다'는 건 누구에게나 동일하다. 청춘의 삶은 직선으로 내달리며 타협보다 도전으로 채우며 산다. 그 나이의 미덕이다. 그렇게 살아가다가 은연중 두려움과 순응 사이에 갈등한다. 그게 나이 들어가는 과정이기도 하다. 하지만 나이 든다고 무조건 그렇게 순응하면서 쇠락하는 건 아니다. 아니어야 한다.

낭만적인 삶을 꿈꾸지 않는 이 있을까? 누구나 그런 삶을 바란다. 그걸 온전하게 충족하지 못할 뿐. 설령 온전하게 채우지 못했을지라도 그 안에 나름의 낭만과 존재 의미를 담는다. 그 힘으로 버티고 살아왔다. 생물학적으로는 노쇠해질 수밖에 없다. 그게 자연이다. 그렇다면 자연에 순응하고 조화하는 삶이야말로 가장 낭만적인 삶일 것이다. 멋진 곳에 가고 아름다운 풍광 누리며 좋은 음악, 음식, 사람 누리는 것만 낭만이 아니다. 낭만은 끝내 이루지 못하더라도 포기하지 않고 가슴 속에 늘 품고 사는 나만의 '속불'이다. 그 불씨마저 꺼지면 삶도 소멸한다.

해가 매일 뜨는 것처럼 우리가 살아온 모든 시간들은 늘 그게 그것인 듯하지만 한순간도 같은 시간이 아니다. 다만 어떤 밀도의 시간이었는지는 각자의 몫이다. 바쁘게 산다고, 성공적인 삶이라고 농밀한 시간은 아니다. 나의 사유와 성찰, 그리고 그것을 실현하는 실천이 밀도를 결정한다. 지금까지 사느라 바

빠서, 혹은 가족 부양 의무가 더 막중해서 정작 자신의 삶의 밀
도에 대해서 생각할 겨를도 없이 살아오기도 했다.

백 년도 채 살지 못하는 삶이다. 중년의 나이가 대략 쉰 안팎
언저리에서 시작된다면 얼핏 삶의 2/3를 소진한 것 같지만 실
제로 자아로나 사회적으로나 독립적으로 산 건 이십대 중반쯤
부터니 고작해야(?) 2, 30년 그런 삶을 살았을 뿐이다. 그러니
그 뒤 남은 30년쯤의 삶은 쇠락하거나 자투리 시간이 아니고,
1/3의 시간도 아니다. 성장기를 제외하면 앞의 30년이 전반전,
뒤의 30년이 후반전이 되는 셈이다. 절망할 것도, 허망할 것도
아니다. 오히려 의무의 삶을 마치고 전적으로 권리의 삶을 누
릴 수 있는 새로운 황금기이기도 하다.

선선한 바람이 부는 시간이라고 뜨거웠던 열풍과 폭풍 같
은 열정이 없는 게 아니다. 다만 그것들을 도닥이고 애틋해 하
며 성찰할 수 있는 시간이다. 중년의 나이는 직선의 시간이 아

니라 곡선의 시간이다. 빠르게 내달리기만 하는 게 아니라 느려도 밀도를 채우는 시간이다. 속도가 풍경을 담고 풍경은 속도를 품는 시간이다. 거기까지 도달하는 데에 길고 험한 길 건너왔다. 직선에 익숙해서 속도를 스스로 조절하지 못하면 곡선의 시간에 적응하지 못한다. 감속에 분통을 터뜨리거나 정반대로 잔뜩 겁을 먹고 엉금엉금 긴다. 속도 조절을 배우지 못하며 살았고 그렇게 달려왔으니 그게 자연스럽기도 하다. 하지만 늘 그렇게 살지는 못한다. 그렇게 살아서도 안 된다. 함함하게 사는 지혜를 누릴 시간이다. 성찰은 그래서 필요하다.

영원한 삶은 없다. 매 순간 충실하면 된다. 성찰된 그 짧은 시간들이 우리의 삶의 농밀함을 결정한다. 그런 시간이 되었다. 가끔 제주도에 가면서 걸었던 길, 올레, 오름, 해변은 단순히 이국적인 풍광이어서가 아니라 성찰과 사유의 깊이와 너비를 채우는 시간이어서 좋았다. 강연 등으로 제주에 잠깐 머물

때도 짧은 길 굽이진 골목 걸으며 화두 하나씩 건지고 글로 담을 수 있었던 건 행운이었다. 제주와 중문에 있는 두 공간을 아무 때나 작업실처럼 쓰라 하고 차까지 내주며 격려해준 친구 허림 회장의 배려가 새삼 고맙다. 이 책은 그 친구의 도움이 없었다면 아마 기획조차 하지 못했을 것이다. 고마운 벗이 있다는 것은 행복한 일이다.

원 없이 살았다며 삶을 마감할 사람은 없을 것이다. 우리의 삶은 영원히 현재진행형이다. 심지어 죽음마저도 그 일부일 뿐이다. 오늘은 어제와 같은 하루가 아니다. 따라서 오늘의 나는 어제의 내가 아니다(I am not what I was). 이제까지의 삶이 주로 크로노스(양으로서의 시간)이었다면 앞으로의 삶은 카이로스(질로서의 시간)이어야 한다. 카이로스의 시간은 무엇을 하는 시간이 아니라 창조적 영감을 가져다주고 삶의 아름다운 것들을 바라보는 눈을 열어주는 시간이다. 이제 그런 시간으로서의 삶을 누려야 할 때다. 두 개의 시간이 조화되는 삶을 누리는.

히말라야의 거대한 설산도 한때는 깊은 바다였다. 거대한 시간 속에서 보면 우리의 삶이라는 시간은 찰나에 불과하다. 그러나 그 찰나의 매 순간조차 엄청난 지각 변화의 거대한 시간보다 훨씬 더 엄중한 것이 나의 삶이다. 이제 그런 시간으로 채워나갈 삶이 우리에게 남겨졌다. 삶이 마감되는 그 순간까지, 그렇게. 사유가 삶의 밀도를 결정한다는 점으로 본다면 더 농밀해지는 시간을 하나씩 누리고 채우며.

2019년 긴 여름을 보내고 가을을 맞으며
김경집

차례

,

제1부

깨뜨려서 지키는 삶

: 자유롭게, 먼지를 털듯이

1

용기에 대하여

,

진정 중요한 건 마음에 새긴다지만,
새기는 게 아니라 깨뜨려서 지키는 삶도 있다.

;

　니코스 카잔차키스의《그리스인 조르바》를 읽은 사람이라면 누구나 조르바를 꿈꾼다. 욕망에서 자유롭게 벗어남으로써 욕망을 정복하는 사내 조르바. 그에게 윤리와 종교, 관습과 권위, 혹은 조국이니 하는 것들은 중요한 규범인 동시에 족쇄다. 조르바는 인간이 만들어낸 모든 인위적 장치를 보란 듯이 깨뜨린다. 자유롭게, 먼지를 털듯이. 그는 그렇게 자유로워지고 사람이 되어간다고 역설한다.

　내가 깨뜨려본 규범이나 관습이 있을까? 그걸 '먼지'로 여기기는 했을까? 심리적으로는 늘 저항하지만 실천적으로 저항한 적이 별로 없는 내가, 그 자유를 위해 결행한 것은 아주 늦은 나이였다. 서른 즈음, 25년은 배우고, 25년은 가르치고, 25년은 마음껏 책 읽고 글 쓰며 살고 싶다고 막연하게 바랐다. 오랫동안 잊고 살았다. 쉰 즈음 갑자기 그 생각이 떠올랐고, 아침저녁 갈팡질팡 갈등이 많았다. 아직 에너지가 남았을 때 새로운 결

정을 내려야 추동력 있게 다음 단계의 삶을 살 수 있다고 확신
하기까지 다시 서너 해가 걸렸다. 그리고 학교를 떠났다.

어려운 일이었고 후회도 많았다. 지금까지의 삶의 트랙을 벗
어난다는 게 결코 만만하지 않았다. 하지만 자유를 선택했다.
내 삶에서 가장 잘한 선택이라고 믿는다. 조르바에 미치지는
못하지만 그의 담대함의 한 자락을, 적어도 내 삶에서 결행했
다는 자부심이 생겼다.

나는 무엇인가. 나는 무엇을 위해 사는가. 깨뜨리는 것, 두렵
기는 하지만 못할 것도 없다. 가슴에 새기기만 하면 끝내 저지
르지 못한다.

깨뜨려야 비로소 삶을 지킬 때도 있다. 누구에게나 그 결정
적인 순간은 있다. 나는 그렇게 믿는다.

그러나, 그럼에도 불구하고
언젠가 한 번은 하고 싶은 것을 해야 한다.
그렇지 않으면 삶이 너무 억울하다.

;

프랑스 작가 막상스 페르민의 《눈》은 시 같은 소설이고, 소설 같은 시다. 열일곱 생일날 아침 유코는 은빛 강가에서 아버지에게 시인이 되고 싶다고 말한다. 그러자 아버지는 시는 직업이 아니며 시간을 흘려보내는 것이고, 한 편의 시는 한 편의 흘러가는 물이라고 타이른다. 그러자 유코가 아버지를 돌아보며 말한다.

"그것이 제가 하고 싶은 겁니다. 시간의 흐름을 바라보는 법을 배우고 싶어요."

어느 아침, 머릿속에서 물병 깨지는 소리에 한 방울 시가 움트고, 영혼이 깨어나 그 소리의 아름다움을 받아내는 게 시인의 삶이고 하루라면, 유코는 그 아침 자신이 살아있음을 보게 될 것이다. 어찌 그 삶이 녹록하겠으며 평범한 삶을 살아가는 사람의 눈에는 그게 어찌 그럴듯한 삶으로 보이겠는가. 그러나 유코는 자신이 하고 싶은 일이기에 후회하지 않을 것이다.

○
○

　누구에게나 여러 이유나 핑계로 미루거나 회피하면서도 끝
내 포기하지 않은 꿈이 있다. 힘을 다 써버리기 전에 꼭 한 번
해야겠다는 의지를 벼르며 사는 것, 끝내 시도하는 것, 그것이
나에 대한, 내 삶에 대한 예의다.

조금만 아프고 상처가 나도 물러나고
비겁하게 타협하는 것.
그것이 비극의 시작이다.

;

    미국의 비즈니스 컨설턴트이며 베스트셀러 작가이기도 한 친닝추(朱津寧)는 밖으로부터의 두려움이 아니라 안에 뿌리박힌 두려움이야말로 가장 조심해야 할 적이라고 지적한다. 유리 천장은 현실에서 존재하지만 정작 더 큰 유리 천장은 우리의 고정관념 속에서 암약하기 때문에 우리는 쉽게 물러서고 망한다. 한 번 상처를 받으면 그 고통을 오래 기억한다. 그래서 정작 상처를 받기도 전에 상처를 입을 것 같은 생각이 들면 미리 물러설 마음의 통로를 찾는다. 그게 인생 비극의 시작이라면 결국 그 비극은 내가 만드는 셈이다.

    내가 약하고 힘없을 때는 맞서 싸워 이기지 못한다. 흠씬 터지고 아프다. 그것만 기억한다. 정작 내가 그때보다 더 강해졌을 때에도 생각하지 못한다. 머리로 기억하는 과거에만 머물기 때문에. 지금 맞서 싸우면 상대도 날 만만하게 보지 못할 텐데 습관처럼 무릎 꿇는다. 그게 바로 내 안의 또 다른 나다. 그 놈을 추방해야 한다. 걸핏하면 타협을 종용하는 그놈.

그걸 참 늦게 깨달았다. 그래서 이제는 미리 물러서지 않는다. '설령 깨져도 예전처럼 일방적으로 당하지만은 않을 것이고, 나도 예전의 내가 아니니 어쩌면 이길 수도 있다는 생각.' 그렇게 맞장 뜨니 발목만 잡던 내 안의 그놈이 조금씩 물러선다. 조금 더 일찍 덤벼볼 것을.

멈춰 있지 않으면
새로운 지점에 도달하게 된다.

;

   길이 나 있지 않더라도, 때때로 직감적으로 기존의 길을 버려도 다른 길이 있다는 것을 안다. 정해진 길을 벗어나 기꺼이 작은 모험을 시도해본다. 새로운 길, 남이 가지 않았던 길을 처음으로 내가 걷는다는 설렘이 그 길로 나를 인도한다. 모든 길이 나름의 매듭으로 이어지고 새로운 길과 조우하면서 새로운 통로로 우리를 이끈다. 그렇게 나와 길은 세상과 갈래갈래 이어져 있다. 굳이 로버트 프로스트의 시 〈가지 않은 길〉을 암송할 것까지도 없다.

   새로운 길은 낯설고 저항도 만만하지 않다. 그래서 그 새로운 길을 아는 사람도 선뜻 나서지 못하는 일이 많다. 인상파 화가들의 그림들은 조롱의 대상이었다. 정통 화가의 길을 걷지 않은 이도 많았으니 더욱 그랬다. 그러나 이른바 정통의 길을 걸어온 폴 세잔의 '반역'은 새로운 길을 열었다. 피카소가 스페인에만 머물렀다면 그저 그런 화가로 마감했을지 모른다. 그러나 파리에서 강력한 자극을 받은 그는 새로운 저항과 시도를 포기하지 않았고 입체파라는 새로운 화풍을 개척했다. 기존의 길을 버렸기에 얻은 새로운 길을 걸었다.

    미술에서만 새로움에 대한 저항과 도전이 있었던 건 아니다. 그래도 미술은 어느 정도 자유로움이 허락되지만 수학적 구성과 유비적 구조로 이루어지는 음악은 논리적·체계적이어서 저항이나 새로움은 만만하지 않다. 그럼에도 음악 또한 늘 새로움에 대한 도전을 통해 진화했다. 쇤베르크는 악곡의 중심이 되는 조성(調性)을 버렸다. 그는 으뜸음을 부정하고 조와는 다른 구성 원리, 즉 다른 길을 모색했다. 그래서 마침내 일정한 조(調, C조, D조 등)가 없는 새로운 음악을 만들었다. 무조는 현대 음악의 특징 중 하나이며, 후기 낭만주의 음악이 사용한 반(牛)음계적 화성법의 이상적(異常的)인 발달을 초래했다.

    세잔, 피카소, 쇤베르크는 기존의 길을 답습하지 않고 새로

○
○

운 길을 찾아냈다. 가만히 한 곳에 서서 머물러 있지 않고 앞으로 나아갔기에 가능했다.

　어떤 새로운 길을 남은 삶에서 만들어낼 것인가. 늘 걷던 길을 반복할 수야 없지 않은가. 숨만 쉬는 화석일 수는 없다. 도도하게 앞으로 나아가야 한다. 그러다 보면 분명 새로운 다른 곳에 도달할 것이기에.

삶은 두 종류다.
표절 아니면 혁명.

;

　중뿔난 건 없다. 자식은 부모의 삶을 보며 자라고 아이는 어른의 생각을 얻으며 살아간다. 하늘 아래 특별히 다른 건 없다. 다 비슷하다. 인간은 수십 만 년 동안 그렇게 살아왔다. 선대의 삶을 배우고 익혀 그 방식으로 자신의 삶을 꾸려간다.

　물론 반복되는 삶은 아니다. 그것은 퇴화다. 우리는 진화하는 존재다. 다만 진화의 속도가 매우 더디다. 부모건 교사건 앞서 살아온 사람들의 삶을 따르는 건 안전하다. 이미 여러 위험 요소를 경험했기에 자식에게 그 걸림돌을 피하는 법을 가르친다. 말 잘 듣고 안전하게 사는 법을 가르치고 배운다.

　그건 표절의 삶이다. 남의 삶을 베끼는 것이다. 누구나 그렇게 살고, 누구든 그 울타리에서 온전히 벗어날 수는 없기에 딱히 그것을 부끄러워하거나 그런 삶을 비난할 일은 아니다. 하지만 표절의 삶이라는 게 자랑스러울 건 아니다. 부모 잘 만나 그 삶을 이어받는 것 부러울 수 있다. 가난의 질곡을 벗어나지 못한 부모의 삶을 답습하는 건 안타까운 일이다. 하지만 그래도 그리고 '그래서' 깨뜨려야 한다.

혁명은 기존의 낡은 질서와 제도, 방법을 깨뜨리는 것이다. 위험부담이 큰 까닭에 사람들이 꺼리고 이러쿵저러쿵 입 대고 간섭하지만, 혁명의 삶을 믿고 성공시킨 사람들은 오래도록 기억에 남는다. 나이팅게일이 간호사(정확히는 수녀)들을 데리고 크림전쟁에 참여했을 때 사람들은 어떻게 여자가 전쟁에 참가하냐며 극렬하게 비판했다. 그러나 총에 맞아 죽은 병사보다 전염병으로 죽은 병사가 많았던 그 전쟁에서 간호사들의 헌신으로 귀한 생명을 구해내자 나이팅게일을 찬양했다. 남성복처럼 간결한 치마가 아닌 팬츠를 입었던 가브리엘 샤넬의 복장에 대해 사람들은 경악했다. 표절에 익숙한 사람들에게는 충격이었다. 하지만 샤넬은 비난에 흔들리지 않았고, 혁명의 삶을 믿었다.

○
　　○

　　내가 혁명의 삶을 살지 않았다고 남의 삶의 혁명을 가로막
는 건 월권이다. 오히려 그것을 부러워하고 도울 수 있으면 나
또한 그 혁명의 삶을 나눠 누리는 것 아닐까. 그러니 우리는 혁
명을 꿈꾸며 살아야 한다. 살면서 한 번쯤은 혁명이라도 해야
덜 억울하지 않겠는가.

도전당하는 것보다는
차라리 도전하는 게 낫다.

;

어차피 삶은 끝없는 도전이다. 도전이 부담스럽지 않은 사람은 없다. 도전은 지금까지 누린 것을 내려놓거나 미뤄둬야하는 갈등을 전제한다. '하면 된다' 따위의 허위 가득한 구호를 떠벌이지 말아야 한다. 해도 안 되는 게 있고 해서는 안 되는 게 있다. 그것부터 분별해야 한다. 철 지난 집단주의 시대의이념에 사로잡혀 걸핏하면 '하면 된다'는 헛소리부터 해댄다면따로 하시라. 애먼 사람들까지 끼워서 함께 수장시키지 말고.

성공할 확률이 높다면 도전이 아닐 수 있다. 그건 덤으로 하는 것이지 기존의 것을 버리고 완전히 새로운 것으로 전환하는것이 아니기 십상이다. 우리가 도전을 두려워하는 건 성공의확률이 기존의 일상보다 훨씬 낮기 때문이다. 그래도 도전해야하는 건 그래야 삶이 진화하기 때문이다. 이제는 내 의지와 상관없이 불시에 지금의 일과 삶에서 강제 하차당할 가능성이 커진다. 현재에 안주하다가 전혀 준비되지 않은 상황에서 뒤통수

○
　○

맞지 않으려면 늘 도전의 힘을 키우고 있어야 한다. 타의에 의해 도전당하지 않으려면 내가 선수 쳐야 한다. 준비해야 한다.

도전은 청춘만의 몫은 아니다. 어쩌면 어른은 더 심각한 도전에 직면한다. 바로 은퇴라는 저격수의 매복이다. 올 거라는 건 알지만 매복해 있기 때문에 지금 당장 눈에는 보이지 않을 뿐이다. 일찍 올 수도 있고 운 좋으면 늦게 나타나기도 한다. 중년은 삶의 대전환이라는 묵직한 도전과 맞서야 한다. 두려워서, 익숙하지 않아서 그냥 외면하다 그 선택이 불가피할 때 우왕좌왕하다 망치지 말아야 한다. 남의 삶이 아니라 내 삶이 아닌가. 확률에 지레 겁먹지 말 일이다.

확률을 따지기 전에 그것을 해낼 내적 추동력이 내 안에 남아 있는지 확인해야 한다. 그게 없는데 무턱대고 덤벼봤자 헛심만 쓸 뿐이다. 그게 머지않아 소멸될 것이라면 지금이라도 자리 박차고 도전에 나서는 게 좋다. 빵을 손에 쥐는 동시에 먹

○
○

기도 할 수는 없는 노릇이다. 실패한 게 부끄러운 게 아니라 도
전해보지도 않은 게 두고두고 후회되지 않기 위해서는 도전해
볼 일이다. 그 도전이 내 삶을 역동적으로 만들 수 있다면 금상
첨화요, 마다 할 일이 아니다. 도전이 성공할 확률이 1퍼센트라
해도 로또 당첨 확률보다는 훨씬 높다.

열정은 언젠가는 식고 사원다.
그러나 사라지는 게 아니라 깊어지고 길어진다.

;

젊음은 곧 열정이고 특권이다. 이 등식에 대해 토를 달 까닭은 없다. 어딘가에 꽂히면 앞뒤 재지 않고 온몸 온 마음 다 던져 불사른다. 대부분 성공보다 실패가 많지만 불 쫓는 불나비처럼 돌진을 멈추지 않는다. 그 자체만으로도 이미 아름답다. 그래서 누구나 청춘의 열정을 예찬한다.

젊음이 열정을 독점할 권리도 없고 그래야 할 이유도 없다. 물론 나이 들어가면서 적당히 비겁해진다. 눈치는 빨라지고 뒤로 빠지는 셈은 세밀해진다. 느느니 요령이다. 부양의 의무는 엄중하다. 대부분 사람이 겉보기에 그리 보이니 나도 그러는 거라고 합리화한다. 우리는 너무 빨리 열정을 접거나 나이 들면 다 그런 거라고 타협한다.

생명이 남아 있는 한 인간에게 열정은 사라지는 게 아니다. 표면의 온도는 낮아질지 모르지만 재에 덮여 있는 채 불씨를 안고 있는 속은 여전히 뜨겁다. 그 불씨가 튀어나올까 두려워

끝내 재를 걷어내지 못하기도 한다. 그러는 것뿐이다. 나이 들어간다고 열정이 식거나 사위는 게 아니다. 물론 신중함이 늘어서 저돌적이지는 않다. 고려해야 할 것이 많아서 고민의 층위가 깊어지기 때문이다. 얼핏 열정이 식는 것처럼 보일 수도 있다. 쉽게 순응해버리기 때문이기도 하다. 열정의 대상을 결정하지 못해서 꺼내지 못하기도 한다. 어설프게 아무 데나 써버리면 금세 그 불씨 꺼질까 두렵기도 해서 머뭇거린다. 그걸 신중함이라고 착각하면서.

나이 들어가면 할 수 있는, 해야 할 일들은 제한될 수밖에 없다. 그 선택지를 하나씩 줄여나가면 궁극적으로 어떤 것이 남는다. 어쩌면 그게 내 삶의 의미와 가치가 담긴 하나의 고갱이일 수 있다. 거기에 전심전력으로 몰두하는 게 진짜 열정이다. 진짜 열정은 시간을 통해 더 단단해지고 성숙한다.

눈이 손보다 빠르지만
직접 행동하고 조치하는 것은
눈이 아니라 손이다.

;

눈은 빠르다. 상황을 읽어내고 무엇을 해야 하는지 읽어낸다. 머리는 그것을 판단한다. 그러나 정작 행동하는 것은 손이다. 지행합일에서 방점을 찍어야 하는 건 '행'이다.

무위당(无爲堂) 장일순은 평생을 그렇게 산 사람이다. 그는 20세기 후반 시대정신의 표상이었으며 21세기에도 여전히 기억해야 할 사표(師表)다. 그는 농민·노동·사회·정치 등 거의 모든 분야에서 활동한 행동가였다. 위대한 사상가였다. 그는 정의와 진실의 영토에서 단 한 발자국도 나가지 않았고 투쟁하고 실천했다. 가난한 농민과 광부를 살리기 위해 신용협동조합 운동을 시작했다. 또한 생산자인 농민과 도시의 소비자 모두를 살리는 '한살림운동'도 벌였다. 그는 치열한 삶을 겸손하게 살았고 실천에는 강단이 넘쳤다. 세상의 척도보다 정의의 가치와 자연의 이치를 따른 삶이었다. 그는 좁쌀 하나에 우주가 담길 수 있다며 사람이건 사물이건 소소하고 사소한 어떤 것도 소홀히 대하지 않았다.

　그를 아는 사람들은 장일순을 가리켜 "모두를 살리는 모심과 섬김의 삶을 산 현인"으로 평가했다. 그는 아인슈타인과 편지를 주고받을 만큼 사상과 실천의 깊이와 너비가 웅숭깊었다. 그러나 평생 겸손하게 살았다. 그는 지위고하, 빈부격차를 가리지 않고 찾아오는 모두에게 차별 없이 따뜻하게 대했으며 위안과 길잡이가 될 말을 나눠줬다. 어떠한 사람도 존엄성을 훼손당하며 노예로 살아서는 안 된다고 가르쳤고 당당하게 투쟁했으며 활동했다.

　눈 빠른 것보다 손 빠른 게 더 중요하다는 걸, 손에 가슴이 따라야 한다는 걸 보여준 스승이었다. 내게는 공자보다 더 위대한 스승이 무위당 장일순이다.

부러워하기만 하면 끝내 못한다.
이제 '저지르는 일'이 두려울 것도 없지 않은가.

;

젊건 늙건 누군가 멋진 인생을 누리는 걸 보면 부럽다. 하지만 그 능력이 나에게는 미치지 않는다 여기면서 쉽게 포기한다. 우리는 늘 그렇게 살아왔다. 끝내 그걸 해보지 못한 채 지금도 살고 있다.

영화 〈부에나비스타 소셜 클럽〉이 감동적인 건 쿠바의 사회 상황 때문에 해체된 클럽의 뮤지션들이 황혼도 훨씬 지난 나이에 다시 뭉쳐 멋진 밴드로 재탄생하며 미뤄뒀던 음악을 마음껏 누리는 데 있다. 물론 그들은 본디 프로 뮤지션이었지만 핵심은 그들이 끝내 음악에 대한 애정과 열정을 포기하지 않았고, 어렵사리 그들을 찾아내 재결합을 제안한 라이 쿠더에 호응했다는 점이다. 전성기는 지났고 사람들의 뇌리에서 지워져 버렸을 거라는 두려움을 떨쳐내며 그 나이에서만 빚어낼 수 있는 최고의 음악을 보여주었다. 이제는 그 멤버들도 여럿 세상과 작별했지만 그 감동은 지워지지 않는다.

ㅇ
　　ㅇ

　　프로가 아니더라도 나름대로 살아오면서 부러워하던 걸 하면 된다. 완성도에 대한 두려움은 프로의 일이지 보통 사람의 몫이 아니다. 그러니 일단 저지르면 된다. 저지르는 일이 두려운 나이도 아니다. 그럴 때 나이는 부담이 아니라 특혜. 한 지인은 오랜 교직 생활을 마감하고 갑작스러운 무력감에 빠져 몇 년 새 훌쩍 늙었다. 그랬던 분이 어느 날 표정이 생기 있고 자신감이 넘쳐서 의아했다. "요즘 서예를 배우고 있어요. 늦어서 가능할까 싶었지만 황욱(黃旭, 1898~1992) 선생께서는 환갑 넘어 수전증 때문에 글을 쓰지 못하자 왼손 바닥으로 붓을 잡고 엄지로 붓 꼭지를 눌러 운필하는 악필법(握筆法)을 개발하셨다는 말을 들었지요. 나는 양손이 멀쩡한데 지금이라고 늦을 건 아니다 싶어 시작했어요." 1990년대 초반 황욱 선생 회고전 때 기교를 초월한 기세의 웅혼함과 강인함, 그리고 순박함과 초탈함에 매료되었던 일이 새삼 떠올랐다. 개인 전시회는 몰라

○
○

도 동호회 전시회를 꿈꾸며 열심히 매진하신다던 그분이 전각가와 함께 작은 전시회를 열었다.

부러워만 할 게 아니라 나도 뭔가를 배워야겠다. 진도가 늦으면 어떻고 수준을 넘지 못하면 어떠랴. 부러워만 하다 끝내 못해서 나중에 '저지르지 못한' 걸 후회하지 않기 위해서라도.

꽂히는 게 없다면 사는 재미가 없다.
그걸 스스로 거세하는 삶은
무기력하고 비겁하게 타협하며 사는 것이다.

;

마음 끌리는 것 없이 사는 건 생물학적으로는 살아 있지만 존재론적으로는 이미 무의미한, 죽은 것과 다르지 않다. 그게 심하면 집착이 되고 퇴행의 실마리가 되기도 한다. 하지만 꼭 하고 싶은 것을 위해 다른 것을 과감하게 포기하는 용기가 있으면 가능하다. 끌리는 것과 집착은 종이 한 장의 차이지만 그 결과는 천지 차이로 달라진다. 그 까닭은 무엇일까?

백원(百源) 최흥효(崔興孝)는 조선 초기 문신이며 뛰어난 서예가였다. 그는 평생 왕희지의 글씨를 사숙하고 연마했다. 그는 왕희지의 글씨를 수만 번 베껴 썼다. 과거시험장에서 답안지를 쓰는데 한 글자가 왕희지의 글씨와 똑같이 써졌다. 그러자 그는 답안지를 제출하지 않고 가지고 나왔다. 연암 박지원은 〈형언도필첩서(炯言挑筆帖序)〉에서 이 일화를 서술하면서 "이는 얻고 잃음을 마음에 두지 않은 것이라 말할 만하다"고 평가했다. 물론 나중에 예문관 직제학까지 벼슬에 올랐지만 과거시험장에서 자기 글씨에 취해 답안을 내지 않았다는 걸 예사 사람들은 곱게 보지 않았을 것이다. 자신의 미래가 걸린 중요한 시험인데 고작해야 잘 써진 글씨 하나 때문에 포기한다는 건 미친 짓이나 다름없다.

최흥효는 특히 초서에 일가를 이뤘다. 안평대군 이용의 행서와 더불어 당대 최고의 평가를 받았지만 안평대군의 눈에는 최흥효 글씨의 자유분방함이 못마땅했던 모양이다. 성현의《용재총화》의 기술을 보면 노골적이다. "당시 최흥효란 선비가 있었다. 유익(庾翼)의 법을 본받아 글씨를 잘 쓴다고 자칭하면서 항상 붓 주머니를 가지고 여러 관청이나 대가(大家)를 찾아다니면서 글씨를 써주었는데, 자체(字體)가 거칠고 촌스러웠다. 안평이 맞아들여 글씨를 청하였는데, 마침내 찢어서 벽에 발라버렸다." 유익은 진나라 때의 서예가로 젊은 시절 왕희지와 이름을 나란히 할 정도로 뛰어났다. 고귀한 신분이면서 가지런한 행서에서 일가를 이룬 안평의 눈에는 최흥효의 글씨가 너무 분방하고 거칠어 불편했을 것이다. 한편으로는 시기하는 마음도 있었을 것이다. 그러나 그는 최흥효가 자신의 글씨에 인생을 걸었을 만큼 집요했다는 건 제대로 읽어내지도 공감하지도 못했을 것이다.

불광불급(不狂不及), 즉 미치지 않고는 도달할 수 없다는 말이 있듯이 자기를 온전히 잊는, 그래서 운명까지도 기꺼이 포기하는 몰두가 없는 삶은 과연 성공적일까? 진짜 성공은 자기가 하고 싶은 일을 누리는 것이다. 그 정도의 집착이라면 용납될 수 있지 않은가. 덕후의 성공만 언급할 게 아니라 그의 덕후의 삶에 대해 평가하고 용인할 수 있는 아량부터 갖춰야 한다. 그래야 내 집착과 몰입에 대해서도 자기수용이 가능한 것이니.

나의 덕후 덕목에 무엇을 올릴 것인가. 배우고 익히는 데 늦은 나이란 없다.

두려워하는 마음보다 즐기는 마음이 더 크면,
비로소 자유를 누릴 수 있다.

;

이 나이에? 누군들 그런 말 안 나오랴. 다 그럴 것이다. 그러나 정작 두려운 것은 늦은 나이가 아니라 그것을 잘 해내지 못할 것 같은 자기비하 때문이다. 그것을 어떻게 즐길 수 있을까에 집중하면 두려움을 조금은 덜어낼 수 있다.

수영을 '정식으로' 배운 건 30대였다. 물론 이전에도 헤엄은 쳤다. 개헤엄도 앞으로 나아갈 수는 있으니 물놀이하는 데는 크게 지장 없기도 했다. 중학교 때 체육시간에 동대문에 있는 스위밍센터에서 강습을 받은 적은 있었지만 개인 교습은 불가능했고 우리는 그저 학교를 벗어나 물놀이하는 재미에만 빠졌다. 그래서 답답한 스위밍센터보다 뚝섬에 있던 수영장에 가는 게 더 좋았다. 그러던 내가 30대 중반에 정식으로 수영을 배웠다.

아이들이 수영 강습을 받던 시절 차로 데려다주고 밖에서 기다리던 게 지루하던 차에 그 참에 수영을 배우면 어떨까 싶

○
○

었다. 무료하게 버리는 시간을 강습으로 대체하니 일석이조라 여겼다. 그렇게 시작했다.

처음에는 어색했다. 내 또래 남자들은 없었다. 아이들 틈에 끼어 있는 것도, 킥보드에 매달려 '음~파' 하면서 발장구치는 것도 민망했다. 그만둘까 싶기도 했지만 그러면 평생 못할 것 같아 눈 질끈 감고 다녔다. 그렇게 시작해서 자유형, 평형, 배영을 거쳐 접영까지 마스터하니 수영이 그렇게 재미있을 수 없었다. 그 이후 나는 새로운 걸 배울 때마다 그 일을 기억하면서 석 달만 참으면 어느 정도 수준에 달한다는 믿음을 갖게 되었고 두려움은 줄어들었다. 새로운 걸 배울 때마다 배우는 즐거움과 터득하는 기쁨에 설레고 자유로웠다.

이 나이에? 아니다. 이 나이니까! 그러면 할 수 있다.

2

삶의 태도에 대하여

삶이란 눈길을 걷는 것이다.
또렷한 흔적이 남기에 함부로 밟을 수 없는 길.
딛는 발자국들이 나의 역사가 되는 길.

;

청사(靑史)라는 말은 역사 또는 기록을 뜻하는 말이다. 종이의 발명 이전에 대나무의 푸른 거죽에 역사를 기록한 데서 유래한 말이다. 역사가 거창한 게 아니다. 내 삶의 궤적이 곧 역사다. 그저 그런 나날의 연속이고 그날이 그날처럼 보이지만 같은 날은 하루도 없다.

나는 내 삶의 순례자다. 방랑자가 아니다. 방랑자는 그냥 부초처럼 떠돌아다니지만 순례자는 분명한 목적지와 그 길의 의미를 오롯하게 품고 가는 사람이다. 굳이 어떤 멋진 흔적을 남기기 위해 사는 건 아니다. 그런 삶은 피곤하고 위선적이기까지 하다. 부담스럽고 불편하다.

살아간다는 건, 정해진 길을 걷는 것도, 빨리 도달해야 하는 것도 아니다. 직선의 길도, 익숙한 길도 아니지만 묵묵히 걷는 길이다. 누가 기웃거리건 말건 그저 내 길을 걷는 것, 그런 길. 어쩌다 어긋난 길을 걸을 때도 있지만 그 길 또한 내가 걸은 길이다. 그런 흔적 또한 나의 삶이고 책임이다. 내가 걸어온 발자국을 의식하지 않으면 멋대로 가게 된다. 내가 어떤 길을 걸어왔는지 돌아보려면 가던 길 잠시 멈춰야 한다. 그게 휴식일 수도 있고 성찰일 수도 있다. 그 쉼을 놓치면 정작 어디로 가는지, 왜 가는지조차 잊거나 잃게 된다.

돌아보는 것만으로도 흐뭇하고 위로가 되는 과거도 있지만, 어쩐지 상처의 흔적이 더 쉽게 보인다. 지워지지 않는 흔적. 회한만 느껴지는 않는다. 적당한 관대함의 자비가 과거의 고통을 위로하고 도닥인다. 나에게는 아직 가야 할 남은 새로운 길이 있지 않은가.

더 이상의 물음이 나오지 않을 때까지 치열하게 묻는다.
그 지점에서 물음은 답이 된다.

;

　인간은 끊임없이 묻는다. 그 물음이 새로운 해법을 도출한
다. 그렇게 발전한다. 스콧 니어링은 "살아야 한다는 것을 기정
사실로 인정한다면, 우리는 질문을 멈추어서는 안 된다"고 강
조한다. 어디에서, 어떻게, 무엇으로, 무엇을 위해 살 것인가?
좀 더 근본적인 질문은 '왜' 살아야 할 것인가이다.

　스콧 니어링은 백 살에 스스로 자신의 삶을 마감할 때까지
가장 완벽하게 사회주의자로 살았다. 자본주의의 천국인 미국
에서 사회주의자로 산다는 게 얼마나 어려웠을지 짐작하기 어
렵지 않다. 그는 돈의 노예가 되지 않기 위해 최대한 자급자족
하는 삶을 설계하고 실천했다. 버몬트 농장에서는 사탕단풍으
로 시럽을 만들어 팔았다. 그는 단순히 개인적 신념에만 충실
하지 않았다. 사회적 신념에 대해 집요했다. 그는 꺾이지도, 타
협하지도 않았다.

　그 신념 따라 마냥 돌진한 것만은 아니다. 그는 끊임없이 물

○
○

었다. 물음이 언제나 해답을 가져오지는 않았지만 새로운 방향을 찾았다. 그는 제2차 세계대전의 비극은 유럽에서 가장 부유하고 힘 있는 문명국들의 문명 파괴 축제였다고 지적하며《전쟁: 계획된 파괴와 대량 살상》에서 전쟁을 도모하는 자들은 전문가들이라는 점을 지적한다. '왜 그 전문가들은 전쟁을 도모할까?'라는 집요한 질문 끝에 전쟁이 그들에게 명성과 권력과 부로 통하는 명예롭고 신속한 길이자 대내외 정책을 결정하는 데 사용하는 주 무기라는 점을 찾아낸다. 하나의 문명이 싹틀 때마다 전쟁을 일으키는 데 성공한 사람들이 지배자가 되었고, 전쟁은 '왕들의 스포츠요, 스포츠의 왕'이 되었음을 강조했다. 그 말은 전쟁의 실체를 들여다보는 아픈 통찰이었다. 그는 치열하게 물었고, 물음이 멈출 때까지 집요하게 따지는 것 자체가 답이라는 점을 묵묵히 보여주었다.

물음이 있다는 건 장애물이 앞에 놓여 있다는 걸 전제한다.

○
○

새로운 방법과 지식을 찾는 질문 앞엔, 질문을 이어가는 사람과 포기하는 사람이 있다. 그 결과는 천지차이다. 묻는 사람은 조급해서는 안 된다. 더 이상 물을 게 없을 때까지 치열하게 몰아가야 한다. 불문부득(不問不得).

문을 여는 것도 방에 들어가는 것도
집에서 나오는 것도 그 주체는 바로 나다.

;

철학이 삶에 꼭 필요할까? 철학은 고상하지만 어렵고, 심오
하지만 살아가는 데에는 별 쓸모가 없다고 여기는 이들이 많
다. 철학은 쉽지 않다. 철학이 돈을 주지는 않는다. 그러나 궁극
적으로 자신의 존재 의미와 가치를 인식하고 실현하는 삶을 살
게 한다. 철학은 어떤 '생각'을 '어떻게' 해야 할지 알려준다. 내
가 주체가 된 삶을 살게 한다.

막상 철학책을 펼쳐도 머릿속에 '그림'이 그려지지 않는다.
형태가 보이고 방향이 잡혀야 할 텐데 '그림'이 그려지지 않으
니 난감하다. 당연한 일이다. 철학은 기본적으로 관념이다. 존
재, 인식, 가치 그 어떤 것도 무형적이고 비가시적이며 비질료
적이다. 관념이나 개념은 보이는 게 아니다. '보는' 것이 아니라
'그려내는' 것이다. 누가 그리는가? 바로 나다. 묻고 듣고 그려
내는 '나'가 없으면 철학은 현학에 불과하고 백해무익이다.

가끔 특정 철학자에 끌리기도 한다. 내 생각과 '기질'에 맞기

때문이다. 하지만 플라톤이건 칸트건, 공자건 장자건 그건 내가 아니다. 철학자를 먼저 찾기보다 내 문제를 먼저 던져야 한다. 내 삶, 내 존재, 나와 세계와의 관계, 참된 가치의 인식과 실현 등 내가 안고 있는 물음이 무엇인가를 먼저 물어야 한다.

한 사람의 철학자가 모든 걸 설명할 수는 없다. 유명한 철학자의 권위에 미리 복종할 수 있는지 따지기보다 '질문하는 나 자신'이 먼저다. 이 사람에게는 존재의 문제를, 저 사람에게는 인식의 문제를 묻고 답을 찾아야 한다. 결국 내가 '묻는' 행위가 바로 철학이다.

초심만 끝내 지켜도
그의 삶은 충분히 존경할 수 있다.

;

다산 정약용이 강진에 유배되었을 때 가장 열심히 읽은 책이《소학》이다. 다산 같은 대학자가 왜 뜬금없이《소학》을 탐독했을까? 배움의 시작에 대한 초심을 버리기 위함이었을 것이다. 어쩌면 그런 견고한 다짐이 있었기에 그 엄청난 저작들이 가능했을지 모른다. 초심은 그만큼 간직하고 실천하기 어려운 화두다.

불교 재단 중학교 재학 시절 불교 수업을 들으며 알게 된 스님과 오랫동안 안부를 주고받으며 왕래했다. 동안거에 들어가기 전 뵈었을 때 여쭸다. "스님, 그 긴 안거에 들어가시면 무엇을 화두로 삼으십니까?" 스님은 조용히 웃으며 대답했다. "글쎄다. 다른 스님은 어떤지 모르겠지만 나는 늘 똑같아. 내가 출가할 때 잡았던 초심이 화두지. 그 길을 제대로 걸어왔는지, 그 길을 여전히 용맹정진하며 나아갈 수 있는 자아가 자리 잡고 있는지 묻고 또 묻는 거지."

하안거나 동안거의 결제와 해제에 대해 짧게 보도될 때마다 '초심'이라는 말이 떠오른다. 그 스님을 못 뵌 지 서른 해 가까운데도 여전히 생생한 말이 초심, 초발심이다.

쉽지 않은 화두다. 평생의 화두다. 내가 간직한 초심은 무엇인가. 그 초심을 여전히 유지하고 있는가?

살아 있는 한 인간은 언제나 방황한다.
철없다거나 무책임하다는 질책이 따르니
두려워 숨기고 있을 뿐.

;

흔들리지 않고 피는 꽃은 없다던가. 흔들리지 않는 삶은 없다. 어른의 삶이라고 어찌 방황하지 않겠는가. 갈수록 좁아지는 삶의 영역이기에 갈등은 더 예리하고 촘촘하다. 살아가면서 아는 게 많아지고 겪은 게 많아서 보다 합리적이고 현실적인 선택을 할 뿐이지 방황이 없는 건 아니다. 청춘의 방황은 안개 속에 서 있는 것처럼 시야가 막혀 이리저리 헤집고 다니는 것이라면 어른의 방황은 어떻게 후회하지 않는 후반부의 삶을 살 것인가에 모아진다.

설령 그런 다짐을 하더라도 후반부의 내 삶은 또다시 흔들릴 것이다. 이제는 그걸 두려워하거나 피할 생각이 없다. 그 흔들림조차 내 삶이다. 다만 후반부의 삶을 차지하는 어른으로서의 방황은 바람에 날리는 검불처럼 가볍지 않아야 한다. 그런 내성을 키우기 위해 이만큼 살아온 게 아닌가.

흔들려도 불안하거나 고통스러워하지 않고 자연스럽게 받

○
○

아들일 힘이 후반부 삶의 방황을 버텨내고 이겨내게 할 것이다. 무조건 덤벼드는 게 아니라 싸워야 할 상대를 정확히 인식하고 집중하는 능력으로 방황하는 게 후반부의 삶이다. 갈팡질팡 방황하는 게 아니라 어느 하나 가볍게 여기지 않으면서 경중을 가려내 몰입하는 방황이다. 그게 남은 에너지를 쏟아야 할 주제고 대상이다. 그걸 찾는 방황이니 두려워할 일이 아니다.

자연스럽고 때론 필요하기까지 한 '어른의 방황'을 많은 이가 두려워하는 건 여전히 가족에 대한 부양 의무가 남아 있기 때문이고, 익숙함을 벗을 용기가 사위기 때문이다. 오늘은 살아온 삶에서 가장 늙은 시간이지만 살아갈 삶에서 가장 젊은 시간이다. 아직 갈 길이 남았다. 방황과 갈등조차 없다면 이미 삶을 마감한 것과 다르지 않다. 나는 죽는 그 날까지 방황할 것이다, 기꺼이.

배우는 시작은 항상 초보자(novice)다. 어린아이다.
그러니 배우면 늘 어려지고 젊어진다.
그거면 됐다.

;

뒤늦게 뭘 배우는 친구들이 많아졌다. 색소폰 배우는 친구들이 가장 많다. 그림을 시작한 친구도 있고, 글쓰기 강좌에 참여하여 습작을 시작한 친구도 있다. 가끔 모여 이야기하다 보면 이것저것 배우는 경우가 의외로 많다. 그런 친구들 표정이 모처럼 밝다.

한 친구는 오십이 넘은 나이에 록밴드를 결성했다. 기업 대표, 교수, 연구자 등 친구들이 모여 만든 밴드다. 그는 퍼스트 기타를 맡아 맹연습이다. 레슨도 열심히 받는다. 해마다 연말이면 발표회도 갖는다. 그는 젊어졌다. 생기가 돈다. 무대에서 멋지게 연주하며 열창하는 모습은 퀸의 프레디 머큐리에 뒤지지 않는다. 많은 친구가 그를 부러워한다. 그러나 정작 그가 결심을 하고 많은 시간과 돈, 에너지를 쏟은 건 부러워하거나 흉내 내려 하지 않는다.

왜 늦은 나이에 봄바람 나듯 밴드 활동할 생각을 했느냐고

○
○

물었더니 젊었을 때 꿈이었단다. 더 미루면 끝내 못할 것 같아 의기투합한 친구들끼리 작당했단다. 그랬으니 레슨하고 연습하는 게 얼마나 즐거웠을까. 그 친구의 연말 발표에 다녀온 친구들은 '나도 해볼까' 말하지만 끝내 못한다. 부럽기는 하지만 '이 나이에 무슨' 하면서 일찌감치 포기하기 때문이다. '그걸 언제 배워서 멋지게 해보겠느냐'며 물러서기 때문이다. 그러면서도 욕심은 생기니 그보다는 좀 쉽고 편한 걸 찾는다. 예전에 비해 경제적으로는 여유가 생겼으니 색소폰이나 사진을 기웃거린다. 그것만으로도 이미 성공이다. 뭘 배울까 찾는 건 기대와 설렘이 있다는 뜻이다. 그 나이에 그걸 어디서 누리겠는가. 그러니 모이면 서로 뭘 배우는 게 좋을까 정보를 교환한다. 중년의 시기에 가장 필요한 배움이 무엇이냐는 원초적인(?) 물음도 있다. 무엇을 배우느냐는 그리 중요하지 않다. 중요한 건 배우는 즐거움에 대한 태도다.

재주와 재능이 있는 사람은 배우는 속도가 빠르고 그렇지 않은 사람은 더디다. 꾸준히 하면 어느 시기에 원했던 수준에 도달할 것이다. 그건 누구에게나 허용된 가능성이다. 그러나 가장 큰 기쁨과 즐거움은 '초보자'가 된다는 것이다. 그 단계는 나이와 상관없이 어린아이로 돌아갈 수 있다는 데에서 온다. 그 어린아이가 여유와 관용을 갖고 설렘 그 자체를 즐기고 고마워할 수 있으면 무엇을 더 바랄 것인가. 초보는 서툴고 단계별 수용과 극복이 힘겹고 고달프지만 기대와 설렘을 만끽할 수 있는 특권을 갖는다. 그거면 되었다.

회춘은 보약 먹고 비법 찾는 데서 오는 게 아니다. 왜 정답을 두고 오답을 찾을까. 나도 배우다 접었던 클라리넷과 첼로 중 하나를 다시 배워야겠다. 완성도를 머리에 담을 게 아니라 설렘을 가슴에 담을 수 있게. 그거면 된 거지.

어찌 평탄한 길만 있을까.
오르막 내리막 곧은 길 굽은 길 가는 거지.
가다 보면 그곳에 다다르겠지.

•
,

삶은 단순하고 짧지 않다. 호들갑 떨 것도 없다. 좋을 때도
있고 궂을 때도 있다. 그렇다고 일희일비하지 않고 시종일관
같은 표정으로 살아가는 건 사람의 몫이 아니다. 적당히 기뻐
하고 적당히 슬퍼하며, 때론 격려하고 때론 속기도 하며 사는
거다. 감정을 숨길 건 아니다. 감정도 표현하며 사는 게 매 순
간에 집중하는 것이다.

현직에, 특히 높은 자리에 있을 때는 동창회 같은 모임에 꼬
박꼬박 참가하던(신기한 건 그 자리에 오르기 전까지는 바쁘다는
핑계로 거의 나타나지 않았다는 점이다) 친구가 그 자리에서 물러
나거나 퇴직하면 잘 나타나지 않는다. 자리에 대한 욕망과 과
시가 은근히 작용했던 탓이다. 오너가 아닌 다음에야 누구나 그
자리에서 내려오게 되어 있다. 그래야 다음 세대가 그 자리를
차지한다. 조병화의 시 〈의자〉가 말했던 것처럼.

○
○

지금 어드메쯤
아침을 몰고 오는 어린 분이 계시옵니다.
그분을 위하여
묵은 이 의자를 비워드리겠습니다.

어느 삶이나 오르막이 있고 내리막도 있다. 내리막을 서러워
만 할 게 아니다. 의무의 삶에서 명예롭게 벗어났으니 스스로
를 상찬하고 고마워하는 게 먼저다. 곧은 길도 걸었고 굽은 길
도 걷는다. 그게 삶이다. 그 길 걸으며 열심히 살았다. 그거면
된 거다. 그깟 자리나 위치가 무슨 의미가 있는가. 명예와 부귀
를 누렸으면 그것으로 족하면 된다. 언제까지 누리기를 원하는
가. 물러설 자리에 버티고 오르막 곧은길만 가겠다는 건 과욕
이다. 노추(老醜)가 별거 아니다.
　무엇보다, 내 길이 끝난 게 아니다. 지금까지 걸어온 길만 삶

○
○

의 아름다운 길이 아니다. 앞으로 가야 할 길이 여전히 남았다. 예전보다 화려하지 않고 기름지지 않겠지만 계산 없이 여유 있게 하고 싶은 것 누리며 천천히 걸을 길이 여전히 남았다. 거기에도 여전히 오르막 내리막 있고 곧은 길 굽은 길 있겠지만 가다 보면 어느 곳에 도달하게 될 것이다.

오르막이 있으면 내리막도 있다는 진부한 말은 잠시 제쳐두자. 때론 힘겹게 오르막이 길게 이어질 때도 있고 짧은 오르막 뒤에 긴 내리막도 있을 수 있다. 어쨌거나 다 내 몫의 길이다. 오르막길에서는 잠깐이라도 쉴 여유를 마련하면 되고 내리막 길에서는 몸을 자유롭게, 긴장을 모두 풀어놓고 주변을 여유롭게 누리면 족하다.

보상을 위해 사는 것이 아니라 매사에 충실하며 살면 충분하다. 조금 편하게 가고 조금 힘들게 가는 것뿐이다. 양쪽 모두 얻는 게 무엇인지 생각하며 산다면 족하지 않겠는가.

가다 보면 길의 끝이 보인다.
오르다 보면 산의 정상에 이른다.
그렇게 한 걸음씩 발걸음 옮기며 하루씩 살아간다.

　.
　,

　한라산에 오를 때마다 설렘과 감동을 느낀다. 남한에서 가
장 높은 산이어서 그런 건 아니다. 히말라야 5,500m까지 올라
봤는데 2,000m도 채 되지 않는 산이 높아서 감동한 건 아니다.
어떤 이들은 성판악에서 오르는 길을 그다지 좋아하지 않는다.
나도 그랬다. 지루하게 계속 위로 오르기만 하는 데다 물도 없
고 수목이 울창한 것도 아니어서 조금 밋밋하다. 물론 나무 생
태의 변화를 유심히 관찰하면서 걷는 즐거움은 있지만.

　내가 그 길을 좋아하는 건 꾸준히 무리하지 않고 걷다 보면
어느덧 정상인 백록담까지 도달하기 때문이다. 나는 '꾸역꾸
역'이라는 낱말을 좋아하지 않는다. 좋아서 하는 일도 힘들고
바쁜데 억지로 끌려가며 해야 하는 건 유쾌하지 않다. 일상은
그런 모습이다. 숨을 유지하며 적당히 쉬면서 오르는 상판악
코스는 그래서 '좀 틀리면 어때? 좀 서툴면 어때!' 생각하게 해
준다. 한 걸음 한 걸음이 내 삶의 한 걸음과 겹치면서 자연스럽

게 그 느낌을 얻는다. 그러고 나서 내려가는 관음사코스는 그 지루함(?)을 포기하지 않는 꾸준함에 대한 선물이다.

내가 더 좋아하는 길은 영실 코스다. 심심하지 않고 오르막 내리막도 있으며 숲의 아름다움을 더 짙게 누릴 수 있는 이 코스는 환상적인 매력이 있다. 내가 이 코스를 특히 사랑하는 또 다른 이유는 바로 윗새오름에서 마감해야 한다는 점 때문이다. 정상이 바로 눈앞에 있는데 더 이상 오를 수 없다. 차라리 보지 않으면 욕심이 나지 않을 수 있지만 빤히 보이는데 돌아서야 한다는 건 아쉬울 수밖에 없다. 그래서 더 좋다. 마지막 정상을 남겨두는 것. 여유와 고마움을 깨닫게 해준다.

에밀 자벨은 《어느 등산가의 회상》에서 대지는 살아 있고 자연은 지구 내의 생명의 활동이라고 했다. 그의 글은 대지의 움직임과 인간의 일상, 등반 활동이 하나로 묶여 살아 움직이는 생명력을 느끼게 한다. 인간은 결코 이룰 수 없는 이상을 끊임

○
○

없이 고취하면서 그 이상의 정상에 오르려고 가까워졌다고 믿
는 존재다.

"모든 정신적인 높은 곳의 중턱에 학문의 미덕의 중도에 이
고개는 존재한다. 용기 있는 자는 그 길을 계속 나아갈 것이고
그리고 목적에 도달한다. 기력이 없는 자는 경사면을 재어 보
고서 절망하고 중지한다."

한 걸음씩 정상을 향해 내딛는 발걸음은 그 이상을 향한 믿
음이고 행동이다. 그러므로 내 일상의 하루하루 또한 내 삶의
이상을 향해 나아가는 꾸준한 발걸음이다. 그렇게 내 삶이 이
상을 향해 진화하는 것이야말로 가장 뜨거운 삶의 찬가가 아니
겠는가. 내게 한라산은 그 웅숭깊은 메아리를 확인시켜주는 보
물이다. 한 걸음씩 이상을 향해! 시시하게 살 순 없잖아!

내가 나에게 굴복하는 것은 참을 수 없다.
참을 수 없어야 한다.

,

굴복은 생존을 위한 마지막 타협이다. 부끄럽고 감추고 싶지만 어쩔 수 없이 선택해야 하는 비겁이다. 거대한 권력, 막강한 돈, 허세 작렬하는 지식 등이 위세를 떨치며 굴복을 요구한다. 그 힘을 알기에 굳이 강요하지 않아도 나는 거기에 굴복한다. 때로는 자발적으로도.

문제는 굴복이 체화되면 너무 쉽게 알아서 긴다는 점이다. 바람보다 먼저 눕는 풀처럼. 그래도 풀은 바람보다 먼저 다시 일어나는데, 나는 마치 내가 바닥의 일부인 듯 납작 엎드려 눈치만 살핀다. 돈 몇 푼 앞에서도 갈등하면서 속으로 셈에 바쁘다.

그런 나를 발견할 때 가장 곤혹스럽고 부끄럽다. 그 하찮은 욕망에 내가 굴복하는 모습이. 누가 강요한 굴복이 아니다. 저항할 수 없는 굴복도 아니다. 내가 하찮은 내게 굴복하고 있다. 어떻게 그것을 스스로 용인할 수 있는가. 그것을 합리화하는 순간 나는 없어진다. 그러니 그걸 참을 수 없어야 한다. 갈등은 불필요한 에너지의 낭비가 아니라 그것을 고민하고 경중을 따지는 깊은 성찰이어야 한다. 그런 태도를 견지해야 한다.

"사람을 감동시키는 것은 재능이 아니라 가치 있는 것을 향한 태도"라고 헨리 데이비드 소로는 일찍이 말했다. 아무리 남루해도 그것을 똑바로 마주해서 살아야 한다고 강조한 소로는 자신을 사랑하는 것이 가장 당당하고 아름다운 삶이라고 격려한다. '하찮은 나'에게 굴복하지 않는 '당당한 나'를 구현하는 게 생각보다 쉽지 않다. 그러나 그래야 한다.

나에게 굴복하지 않는 힘을 키워야 부당한 외부의 강요에도 저항하고 맞서 싸울 수 있다. 너무나 강력한 외부의 부당한 힘에 대한 굴복이 일시적이려면 내게 저항하는 힘을 키워야 한다. 비겁을 떨치는 건 바로 나 자신에 대한 굴복을 거부하는 데서 출발한다. 이제라도 비겁을 참을 수 없어야 한다.

오늘을 새로운 여행으로 출발하는 것으로
어제와 작별하는 사람에게
새로운 해가 뜬다.

⦁
,

익숙한 일상의 공간을 떠나는 일은 때로 두렵다. 여행은 다시 돌아올 것을 기약하기에 두려움을 덜어준다. 특정한 목적을 가진 탐험과 달리 자유롭게 나를 '놓아줄' 수 있기에 설렌다. 오늘이 그런 여행의 하루인가 물으면서 하루를 맞는다.

마르셀 프루스트는 "진정한 발견을 위한 여행은 새로운 풍경을 찾는 것이 아니라, 새로운 눈으로 보는 것이다"라고 했다. 일상은 늘 반복된다. 지겹다. 거기에서 새로운 풍경을 얻을 일도 없다. 늘 같은 출근길과 퇴근길이다.

같은 길이지만 걷는 내가 다르면 그 길은 새로운 길이다. 출근길은 바빠서 어쩔 수 없겠지만 퇴근길은 상대적으로 여유가 있으니 주변을 넉넉한 시선으로 보는 것만으로도 달라질 수 있다. 잎이나 꽃은 어제와 비슷한 듯하지만 자세히 보면 어제와 다르다. 오가는 사람들도 자세히 살펴보면 어제의 그 사람들이 아니다. 표정도 다르고 태도도 다르다. 그렇게 새로운 사물, 사람들과 만난다.

　짧은 시선만으로도 많은 걸 느낄 수 있다. 대단한 게 아니다. 멀리 여행이라도 떠나야 비로소 발견하는 게 아니다. 일상이 새로운 여행이면 된다. 어제 읽었던 책의 뒷부분을 이어서 읽어보는 것 또한 새로운 하루를 느끼게 한다. 단순히 시간의 변화가 아니라 생각의 변화로 느끼는 새로운 시간 그 자체다. 그것만으로도 변하고 있음을 느낀다. 새로운 눈으로 보는 것만으로도 어제와 다른 오늘이다. 내게는 오늘 어떤 해가 뜰까?

**슘아내야 할 것을 때맞춰 제거하지 않으면
전체를 버려야 할 시간이 온다.**

;

제주도 귤 한 상자가 도착했다. 한 번에 먹어치울 양은 아니어서 베란다 한쪽에 내놓고 몇 개씩 꺼내 먹는 즐거움이 쏠쏠했다. 어느 날 살짝 상한 듯한 귤 몇 개가 보였다. 상한 부분만 도려내고 먹으면 되겠지 하는 마음에 그냥 두고 며칠 지났더니 주변의 귤까지 여러 개가 상해서 속상한 적이 있다. 상한 귤이 눈에 띄었을 때 얼른 솘아냈더라면 그것들만 버렸을 텐데 어물어물하다 멀쩡한 귤까지 상해 그 귤들에게 미안했다.

종합검진하다 용종이 발견되어 제거했다. 용종일 때는 아프거나 힘들지 않다. 그게 나중에 암세포 덩어리로 성장하면 자칫 목숨까지 대가로 치러야 할 수도 있다. 때맞춰 버려야 할 것들이 많다. 그것만으로도 운이 좋은 것이다. 결국 행운은 누군가 주는 게 아니라 내가 늘 경계하고 관찰하는 노력으로 오는 셈이다.

이 나이까지 살아오면서 어찌 솘아내고 버려야 할 골칫거리

들이 없을까. 익숙해서 뭉그적뭉그적, 아쉬워서 멀뚱멀뚱. 미처
몰라서 끌어안고 살아온 허물이 얼마나 많을까. 그것들 하나하
나 걷어내며 살 수만 있어도 삶의 후반이 경쾌할 수 있다. 간벌
해야 할 때를 놓치지 말아야 제대로 된 숲을 만들 수 있다.

경이로움과 독립.
그것이 배움의 힘이고 매력이다.

;

몰랐던 것을 알게 될 때 경이롭다. 배움은 그 경이로움을 논리적이고 체계적으로 형성하고 지속시키는 법을 학습하고 연마하는 것이다. 배움의 시작은 대개 타인으로부터 시작된다. 그러나 배움의 완성은 자신의 힘으로 이루어진다. 그래야 한다.

고리타분하게 여길지 모르겠지만 공자의 《논어》를 여는 〈학이 편〉 첫 꼭지 첫 말이 유명한 '학이시습지불역열호(學而時習之不亦說乎)'다. '배우고 익히면 또한 기쁘지 아니한가'라는 의미다. '익힌다'는 건 내 것으로 만드는 것이다. 그러기 위해 반복하거나 연습한다. 가장 단순하고 비효율적이지만 우리가 흔히 쓴 방식은 무조건 외우기, 즉 암기다. 일단 머릿속에 집어넣어야 필요할 때 꺼내 쓰기 때문이다. 내 머리에 저장한다는 건 필요할 때마다 책에 의존하지 않는다는 점에서 자주적이고 독립적이다. 물론 요즘에는 언제든 검색할 수 있으니 암기에 의존하는 방식은 에너지 낭비다.

눈여겨봐야 하는 건 '또한(亦)'이라는 부사어다. 습득해서 나의 자산으로 만드는 일은 분명 즐거운 일이다. 그러나 또한 즐겁다 했으니 그 앞의 '배움'이 즐겁다는 걸 전제한다. 왜 배움이 즐거운가? 몰랐던 것을 알게 되었으니 즐겁다. 그게 경이로움의 실체다.

배우는 것은 새로운 지식과 정보 혹은 감정을 내 안으로 들이는 것이다. 배우는 걸 즐겁게 경험하지 못했고 점수와 연관된 방식으로 강요받았으니 공부라면 지긋지긋한 것이다. 그런 점에서 우리는 억울하고 슬프다.

배움의 가장 큰 또 다른 기쁨은 바로 독립이다. 무지하면 어쩔 수 없이 남의 말을 따른다. 옳고 그름을 분별하지 못하니 주체적으로 행동하지 못한다. 아이가 독립적이지 못한 건 몸의 성숙이 따르지 않았기 때문만은 아니다. 앎이 영글지 못하니 독립적으로 사고하고 판단하지 못한다. 그러나 배움이 커지면서 생각이 튼실해지고 당당해진다. 나이 들어서도 그러지 못하면 추해진다. 꾸준히 공부하지 않으며 독립적이지 못한 어른은 나이만 먹었을 뿐 아이와 다르지 않다. 그러니 평생 배우고 공부해야 비로소 독립적이고 주체적으로 살 수 있다. 그저 먹고 살기 위해 새로운 걸 배우는 것을 넘어서는 배움의 즐거움 자체를 느낄 때 비로소 인간은 성숙한다. 취미와 놀이를 배우는 게 평생교육이 아니다.

제대로 배우고 인식하면 자유로워진다. '진리가 너희를 자유롭게 하리라'는 명제는 상투적인 말이 아니다. 지성이 갖춰지면 삶에서 부딪히는 일에 일희일비 휘둘리지 않는다. 시야는 넓어지며 그만큼 마음도 넓어진다. '나' 중심적인 사고에서도 벗어날 수 있다. 그게 진짜 자유다.

3

고독과 버팀에 대하여

,

고독은 쓰리고 아프고,
외롭고 쓸쓸한 게 아니다. 온전히 나에게 몰입하고
내면에 말을 거는 완벽한 충실함이다.

．
；

고독이 무슨 맛이냐고 물으면 대부분 '쓴맛'이라고 답한다. 그러니 되도록 피하고 싶다. 자꾸만 누군가와 관계를 맺는 데 열중한다. 그 관계를 확인함으로써 고독을 피할 수 있다고 느끼기 때문이다. 고독을 피하려는 건 두렵기 때문이다. 고독과 고립은 비슷한 듯하지만 전혀 다르다. 고독은 스스로 선택한 고립이다. 나 자신의 시간과 공간을 마련하고 나와 대화하기 위해 만들어낸 '지출'이다. 고립은 내 의지와는 상관없이 누군가로부터 '고독 당한' 것이다. 타율적 고독이다. 그걸 분별하지 못하니 고독을 힘들어하고 피하고 싶어 한다.

"외로움이란 혼자 있는 고통을 표현하기 위한 말이고, 고독이란 혼자 있는 즐거움을 표현하기 위한 말이다." 독일의 신학자이며 철학자인 폴 틸리히의 말은 바로 그런 의미다. 혼자 있음을 고통으로 보는지 즐거움으로 보는지의 차이다. 고독은 일단 쓴맛이 맞다. 그러나 그냥 소태처럼 쓰기만 한 건 아니다.

처음은 쓰지만 시간이 흐르고 깊이 들어갈수록 특별한 맛이 나타난다. 그 맛을 느낄 때 비로소 고독을 즐길 수 있다.

내가 고독의 맛을 알게 된 건 중학교 때였다. 내상을 입을 정도로 사춘기를 겪던 시기였다. 겉으로는 멀쩡해서 아무도 내가 그런 내상을 겪는지 몰랐지만 속으로는 온전히 다른 내가 들어앉았던 시기였다. 감당하기 어려웠다. 그러기에는 어린 나이였다. 그때 나는 고독의 친구를 들였다. 책이었다. 닥치는 대로 읽었다. 당시 종로서적이나 양우당서점에서 반나절 내내 서서 공짜로 책을 읽다가 쫓겨난 적도 부지기수였다. 지금의 나를 만든 건 바로 그 시기였다. 너무 일찍 고독의 맛을 알아챈 것이 질풍노도의 사춘기나 인생의 즐거움을 제대로 맛보지 못하게 했을지 모르지만 후회하지 않는다. 그때 그 맛을 알아챘기에 지금도 그 맛을 즐기며 살고 있지 않은가.

나는 고독의 매 순간 나를 만나고 세상을 만나며 말을 건다.

고독은 내가 온전히 나의 주인이 되는 조건이다.
나의 영토를 측량하는 일이다.

;

고독은 나의 좌표를 확인하는 독도법(讀圖法)이다. 산에서
길을 잃었을 때 안내 표지판을 만나면 얼마나 반가운가. 내가
가야 할 봉우리가 어딘지 어디에서 길이 갈라지고 어떤 길을
선택하면 되는지 알 수 있다. 그러나 정작 내가 서 있는 곳이
표시되어 있지 않으면 무용지물일 뿐이다.

대학 시절 묘한 습속이 하나 있었다. 어쩌다 휴강으로 빈 시
간이 생기면 마장동이나 용산의 시외버스터미널로 달려갔다.
그러고는 매표소에서 표를 끊지 않고 출구에서 가장 먼저 나가
는 버스를 잡아탔다. 딱히 행선지를 정하고 온 게 아니기에 버
스의 목적지를 확인하고 가고 싶은 곳을 정해 표를 끊었다. (그
때는 차장이 버스에 타서 표를 발매했다.) 그리고 그 지점에서 내
렸다.

내려서는 마냥 걸었다. 명승을 보러 간 게 아니었으니 그런
곳을 탐할 이유가 없었다. 그렇게 반나절 내내 쏘다니다가 역

○
○

순으로 되돌아왔다. 친구들은 그런 내 습관을 이해할 수 없다며 타박했지만 내게는 가장 달콤한 시간이었다. 오로지 나 혼자 세상과 대면하는 시간이었다. 대단한 사상가도 아니고 작가도 아니었지만 나만의 시간에서는 오로지 내가 중심이었고 내 생각이 좌표였다. 내가 어찌 살고 있는지 살펴보고 어떻게 살아야 할지를 가늠해보는 나만의 시간이었다. 어찌 달콤하지 않을까. 딱히 대단한 발견이나 사상의 발현을 이룬 건 아니지만 그런 걸 꿈꾸고 생각할 수 있다는 것만으로도 마냥 좋았다.

시골 정류장(흔히 '차부'라고 부르던) 등받이도 없는 긴 막대 의자에 앉아 시를 읽거나 소설을 읽으며 망부석처럼 붙박이로 오후를 때우기도 했다. 도서관에서 읽는 책과는 다른 맛이었다. 아무런 간섭 없이, 누구의 눈길도 의식하지 않으면서 오로지 나에게만 침잠할 수 있는 시간을 갖는 건 최고의 휴식이고 충전이었다. 무엇보다 일상에서 벗어나 내가 일상에서 어떻게

○
○

지내고 있는지 바라볼 수 있다는 점이 가장 큰 매력이었다. 그
매력을 좀 더 길게 느끼고 싶을 때 배낭을 꾸려 며칠 정처 없이
여행을 떠났다. 남들은 역마살이라고 폄훼해도 내게는 나를 발
견하고 세상에 말 거는 제례와도 같았다. 지금도 그 시절이 내
삶의 화양연화였다고 느낀다.

　세상에서 물러나는 것이 꼭 피정(避靜, retreat)이나 안거(安
居)일 까닭은 없다. 하루 짧은 시간을 덜어내 나만의 시간을 마
련하고 거기 잠깐 침잠하는 것으로도 때론 충분하다.

그 농밀함을 어찌 두려워하고 불편해하는가.
고독은 삶의 밀도와 순도를 정제한다.

;

좋은 기름은 좋은 정제를 통해 얻어진다. 정제는 불순물을 걸러낸다. 걸러내지 않으면 양은 많겠지만 순도는 낮아서 좋은 결과를 얻는 데에는 오히려 부담이 된다. 삶도 다르지 않다. 불순물이 많다. 과도한 욕망, 타인의 시선에 대한 불필요한 부담, 그저 그렇게 살면서 적당히 누리는 타성. 지식은 그런 것을 걸러내는 외적 수용이다. 배우는 만큼 그런 것을 걸러내야 한다. 그러나 현실은 그 반대다. 배운 만큼 더 많이 얻고 쥐고 휘두르고 싶어진다. 그 그릇된 생각을 덜어내기 위해서는 기꺼이 고독해야 하고 침묵하면서 자신을 정제해야 한다.

침묵은 집중력이 가장 높은 고독의 소리다. 혼자 있으면서 집중하지 못하면 고독의 값을 치르지도 얻지도 못한다. 고독은 불편하고 불안한 게 아니라 가장 자유롭고 자신에게 충실한 상태다. 때로는 동반자가 훼방꾼이 될 수도 있다. 부부나 연인 사이에서도 상대가 고독할 수 있는, 침묵할 수 있는 별도의 공간

○

○

과 시간을 어느 정도 허락해야 한다. 그것은 상대에 대한 기만이나 소홀함이 아니다. 사랑하는 사이이기에 온전한 자유를 준다. 서로에게 고독을 마음껏 음미하게 해주는 존재가 될 때 삶은 더 정제된다.

침묵은 소리의 부재가 아니라 내면의 우렁찬 함성이다.
그러나 고감도의 귀가 있어야 들을 수 있는 함성이다.

;

세상이 너무 시끄럽다. 세상일도 시끄럽고 거기에 입 대는
사람들도 시끄럽다. 어딜 가든 온통 소음이다. 알맹이 없는 껍
데기 말들이다. 정보는 과잉이고 해석도 남용이다. 그래 봐야
거의 남의 것 얻어다 내 말로 바꾼 것일 뿐 그 말에 대한 실천
은커녕 자기해석조차 결핍된 경우가 대부분이다. 너무 시끄럽
다. 그럴수록 침묵이 고맙고 소중하다.

침묵은 부담스럽다. 불안하다. 누군가와 함께 있을 때 침묵
을 서로 견디지 못한다. 그러나 진짜 상대를 이해할 때 그리 많
은 말이 필요치 않다. 침묵의 언어를 교환할 수 있는 교류만이
필요할 뿐. 그러기 위해서는 침묵의 내공을 길러야 한다.

나의 침묵은 내 밖의 모든 소리를 일시적으로 차단하고 오
로지 내면의 소리에 귀를 기울이며 나에게 말 거는 것이다. 그
런 뒤에 다시 내 밖의 모든 소리를 자연의 소리로 묶어 담아 내
가 말을 걸게 하는 기초 과정이다. 그러니 침묵은 걷기의 동반

○
○

자고 진정한 에너지원이며 필요충분조건이다.

　침묵은 '소리'의 부재일 뿐 사고는 오히려 반비례해서 커진다. 그걸 길어 올리지 못하니 침묵이 어색하고 두렵다. 침묵은 모든 것을 집중할 수 있는 시간을 제공한다. 침묵은 선물이지 꺼려야 할 불편이 아니다. 내 모든 감각이 내 생각에 착근하고 가지를 뻗어내는 침묵은 나를 성숙하게 하는 내면의 힘이다.

　나이 들면 입은 닫고 지갑은 열라는 말은 시답지 않은 소리 줄이라는 뜻이다. 지갑만 열어서 될 일이 아니다. 지금까지 이미 너무 많은 말을 하고 살았다. 이제는 나와 대화하고 내면의 깊은 소리를 길어내야 한다. 침묵은 나이 듦을 성숙하게 하는 밑거름이다. 침묵은 내 살아온 삶을 농축시키는 힘이다. 뜨거운 외침이다. 지혜롭게 나이 드는 건 침묵 속에서 가능하다. 침묵으로 단단해진다.

한계라는 건 넘어서라고 존재하는 것이 아니다.
그 앞에 서 있는 사람에게는 절벽이고 철옹성이다.

;

응원이면 족하다. 뛰어넘지 못하는 한계도 있다. 그걸 인정하는 것도 용기이다. 동냥을 못 줄망정 쪽박은 깨지 말라고 했다. 나는 했는데 너는 왜 못하느냐고 다그칠 일이 아니다. 그때와 지금은 시대와 상황이 다르다.

'나는 했다'고 자신 있게 말할 처지도 아니다. 나도 그 절벽 앞에서 절망하고 주저했다. 어쩌다 운이 좋아서, 혹은 남의 도움 덕택에 그 담을 넘은 적이 많다. 돌아보면 나 혼자 한 일보다 누군가의 도움으로 이겨낸 게 더 많다. 그러니 핀잔하듯 옆에서 주억거리지 말 일이다.

학교를 떠날지 고민할 때 주변 사람들 절반은 무모하다고 핀잔했다. 나머지 절반은 멋진 선택이라고, 힘들지만 너라면 할 수 있을 것 같다고 응원했다. 내가 힘들거나 불가능할지 모르겠다고 물러설 때 힘이 된 건 그들의 응원이었다. 불가능하다고 핀잔한 친구들을 원망하지는 않는다. 내가 다칠까봐 그랬

○
○

을 것이다. 불가능을 인정하는 것도 지혜며 신중함이라고 도닥였다.

새로운 도전을 응원하든, 한계를 인정하든 어느 한쪽을 다그칠 게 아니라 끈을 놓지 않도록 격려하는 게 어른과 선배의 몫이다. 한계를 두려워하고 회피하는 게 아니라 한계를 인식하고 자신의 능력 부족을 인정하면서 불필요한 에너지를 낭비하지 않는 지혜도 있다는 걸 말해주면 충분하지 않을까? 꺾기도 하고 꺾이기도 하는 게 인생이라고, 그래서 사는 게 재미있다고 말해주면 조금은 위로가 되지 않을까? 나도 그렇게 꺾이면서 잠시 숨 고른 적 있다고 격려하고 소주 한 잔 건네면 될 일이다.

바람에 꽃잎 몇 장 잃더라도
여러 잎 버티고 살아나
끝내 열매 맺는 꽃은 얼마나 아름다운가.

,

바람을 이기려 버티는 건 어리석은 일이다. 바람에 몸을 맡기거나 부러지지 않을 만큼 바람의 힘을 허용해야 한다. 다만 힘일 수도 있고 유혹일 수도 있는 바람에 몸을 맡긴다고 전존재를 맡기거나 굴종해선 안 된다. 그 바람을 인정하되 꽃잎 하나 떨어지는 것 때문에 비겁해져 나 자신을 부끄럽게 만들지는 않아야 한다.

악성(樂聖)으로 숭앙되는 베토벤의 삶은 고달프고 모질었다. 아버지는 어린 베토벤을 모질게 학대했다. 성인이 된 뒤에도 그의 몸은 하나씩 무너져갔다. 청력까지 잃었다. 음악가에게는 치명적이었을 것이다. 그러나 그는 끝내 자신의 예술을 숭고하게 승화시켰다. 가곡의 왕 슈베르트는 제 몸 뉠 방 하나 마련하지 못해 친구 집을 전전하며 살 정도로 가난했다. 작곡가에게 꼭 필요한 피아노를 평생 단 한 번도 가져보지 못했다. 그러나 짧은 삶 동안 그가 작곡한 가곡들은 보석처럼 영롱했다.

○
○

느리고 엄격한 템포로 악곡의 형식과 느낌을 구축하는 지휘자 오토 클렘페러는 쉰네 살 때 뇌종양으로 반신불수가 되었다. 그러나 그는 끝내 재기했다. 10년이 걸렸지만 절망하지도 포기하지도 않았다. 불운은 그치지 않았다. 그는 비행기 트랩에서 떨어져 대수술을 두 차례나 받았고 파이프를 문 채 잠들었다 불이 나서 심한 화상을 입기도 했다. 일흔 가까운 나이에는 고혈압으로 쓰러졌다. 그러나 다시 일어나 여든여덟의 나이로 삶을 마감할 때까지 지휘했다. 엄격하고 유장한 템포로 곡을 해석하면서 서둘지 않고 음악의 모든 요소를 음미할 수 있도록 견고한 구조로 곡을 담아냈다. 그의 지휘는 계속된 시련 속에서 피어났다.

백일을 핀다는 배롱나무꽃 한 송이마다 정말 100일을 버틸까? 조화(造花)가 아니고는 그렇게 오래 필 수 없다. 서둘지 않고 순서 따라 제 꽃을 드러내고 시들며 바람에 떨어진다. 그렇게 적당히 잃으면서 끝까지 모든 꽃 피어낸다. 배롱나무라고 바람에 격렬하게 저항하며 버티는 건 아니다. 그러니 적당히 흔들리며 부러지지 않을 만큼 바람에 '흔들려줘도' 좋다. 바람은 언젠가 가버린다. 그 바람을 견뎌낼 힘 정도면 충분하다. 그 지점만 명확히 인식해도 조금은 더 당당하게 살 것 같다.

바람 소리만으로도
소식을 읽어낼 수 있으면
모든 시간과 삶은 농밀하다.

;

'Tu me manques(튀므 망크)'. 프랑스어로 '그립다' '보고 싶다'는 말이다. 말 그대로 풀면 '당신이 내게 없다'는 뜻이다. 고독하면 누군가 그립다. 보고 싶다.

"당신이 내게 없는" 이 시간이 지금 나에게 무엇인가를 물어야 한다. 그게 정신 사납거나 혹은 정반대로 죽은 듯 미동도, 변화도 없는 시간이고 삶이어서야 되겠는가. 그것은 그리운 사람에 대한 예의가 아니다.

진짜 그리운 건 바람에 흔들리지 않는다. 그저 부재를 인식하는 것으로 충분하다. 의연함 속에 그것을 품고 버티는 거다. 의연함은 사람에 대해서만 그런 게 아니다. 내 삶에 대해서도 그렇다. 일희일비하며 팔랑거리지 않고 바람에 적당히 흔들려주기도 하면서 그 바람조차 삶의 일부로 여긴다. 삶에 대한 애정은 그리움에 그치는 게 아니다. 휘둘리는 게 아니라 그 농도를 삶의 밀도로 밀어넣어 내 삶의 역동성으로 전환하는 힘으로 만든다.

　산은 늘 바람을 담는다. 숲은 바람에 대책 없이 흔들린다. 바
람은 끊임없이 산에게 달려든다. 그러나 산이 움직이지는 않는
다. 내가, 내 삶이 산처럼 의연한가. 의연하게 산다는 게 일희일
비하지 않고 휘둘리지 않는 것만을 의미하지는 않는다. 그렇다
면 의연함조차도 지루할 것이다. 미약한 존재인 내가 어찌 바
람에 흔들리지 않겠는가. 적당히 흔들리며 산다. 하지만 바람
에 굴복하지는 않는다. 바람을 읽어낼 심안(心眼)이면 이겨낼
수 있다. 맞서 싸우는 게 능사가 아니다. 나 자신을 위해 그리
고 누군가에게 의미가 되기 위해 의연하게 살아야 한다. 내면
에 뜨거운 열정과 염원이 사위지 않은 채 담기고 가열해야 제
대로 의연할 수 있다.

　의연함은 역동적이고 농밀하다. 시시하게 살 수는 없지 않은
가. 어느 바람 하나 시시하지 않은데, 하물며.

나이 들어 공허하고 허탈한 게 아니다.
지금까지 농밀하게 살지 못해서
빈 구멍 숭숭 뚫린 탓이다.

,

은퇴한 친구가 하나둘 늘어간다. 현직에 있을 때는 서로 바빠서 기별도 자주 못 하더니 어쩌다 만나면 자리 뜰 생각을 하지 않는다. 처음에는 고상하고 여유 있게 이야기를 나누다가 시간이 흐르면서 심란한 심정을 토로한다. 그렇기도 할 것이다. 수십 년 동안 일하던 직장에서 분주하게 돌아가던 일상이 갑자기 멈춰섰다. 수입은 둘째 치고 삶의 리듬이 깨졌다. 처음 겪는 일이다. 예상했던 일이고 각오도 했지만 막상 닥치니 다르단다. 일하는 법만 배웠지 놀고 쉬는 법을 배운 적 없으니 더더욱 그렇다.

퇴직할 때까지 계속 오르기만 했던 길이다. 그리고 정점에서 내려왔다. 갑자기 자신의 처지가 한심하고 허무하다. 거기까지 도달하고 내려왔으니 고맙기도 하고 후회는 없지만 이상하게 공허하다. 매일 수십 명씩 만나 일하다가 갑자기 외톨이가 된 듯하다. 불러주는 이도 없다. 은퇴자들의 비슷한 양상이다.

○
○

은퇴자만 그런 건 아니다. 중년의 나이에 들어서면서 조금씩 옥죄던 일이다. 뭔가 허전하다. 밥줄이었으니 했지 좋아했던 일은 아닌 경우 더욱 그렇다. 불행히도 우리 대부분은 그렇게 살아왔다.

열심히, 치열하게 산 건 분명하다. 직장에 충성을 다했고 가정에 최선을 다했다. 상 받을 일이다. 하지만 그 과정에서 정작 '내 삶'에 대한 애착과 성취는 별로 없었다. 일에는 바빴을지 모르지만 자신의 삶에 대해서는 소홀했거나 무관심했다. 그런 게 무슨 소용 있냐며, 그런 생각이 밥이 되냐 떡이 되냐 자조하면서.

그건 자신에 충실하지 못한 삶에 대한 변명일 뿐이다. 농밀한 삶은 열심히 자신의 일을 하는 것만 의미하는 건 아니다. 일은 일이고 내 삶은 별개다. 그 삶에 충실하지 못했다. 시간이 없다고, 일이 넘친다고 핑계 대면서. 다른 사람들도 다 그렇게

　　　　　　　　○
　　　　　　　　○

살고 있다고. 그러다 막상 중년이 되면 내 삶을 저절로 성찰한
다. 허무하고, 외롭고, 답답하며 상실감이 짙을 수밖에 없다. 결
국 농밀한 삶이 없어서 생긴 구멍이다. 작은 구멍일 때는 못 느
꼈던.

　지금이라도 생각을 바꿀 일이다. 예전의 중년은 삶의 쇠퇴기
며 마감을 앞둔 시기다. 유엔에서 지정한 연령대를 따지면 이
제 청년 후반기의 삶이다. 그러니 중년의 삶은 늦지 않았다. 의
무의 삶은 대강 이행했다. 계속해서 의무의 삶을 찾으면 또다
시 외롭고 허전하고 상실감을 느끼게 될 것이다. 당당하게 권
리의 삶을 추구하며 살아야 한다. 의무도 다했는데 내 삶에 충
실하지 않을 까닭이 없다. 중년을 넋두리로 보내기에는 남은
시간도 많고 아깝다. 숭숭 뚫린 구멍 채우며 살아가면 될 일이
다. 더 늦기 전에.

내 마음에 쏙 드는 완성의 순간이 언젠가는 온다.
그걸 잊지 않으면 끝까지 버틸 수 있다.

;

'내 마음에 드는' 건 전적으로 내가 판단한다. 결국은 자기만족이다. 행복은 내가 욕망하는 것이 실현될 때 느끼는 감정이다. 누구나 욕망하는 게 있다. 욕망이 단 한 번에 실현되는 일은 거의 없다. 그렇게 쉽다면 도전할 가치조차 없다. 욕망에 도달할 때까지 수많은 어려움을 겪고 긴 시간을 할애했을 때 비로소 성취감이 증폭한다. 자기기준과 자기만족이 핵심이다. 그런데 자꾸만 남 눈치 보며 결정하려 든다. 자기가 빚어내는 비극이다.

'마음에 쏙 드는' 완성이라는 건 욕망과 관련된다. 누구나 집착하는 욕망이 있다. 그게 과하면 '벽(僻)'이 된다. 다만 그게 단순한 '벽'이 아니라 완벽한 행복이라면 상관없다. 그걸 끝내 버리지 않았기에 버틸 수 있는 내면의 힘이기 때문이다. 그건 일종의 완성의 순간이다.

박제가는 "사람이 벽이 없으면 버린 사람일 뿐이다"라고 평가했다. 《백화보서》에서 그는 꽃에 미친 김 군에 대해 묘사했다. 남들은 비웃지만 그가 꽃에 온 마음을 쏟는 것을 두고 "그를 손가락질하던 사람은 훗날 자취조차 없겠지만, 꽃을 사랑해 그 모습을 그림으로 남긴 그의 이름은 후세에 길이 남을 것을 나는 의심치 않는다"고 단언했다.

포기하지 않으면, 체념하지 않으면, 나 자신의 꿈이 이루어질 때가 올 것을 믿으면, 마음에 쏙 드는 완성의 순간은 오게 되어 있다. 그게 인생이다.

고통은 절망을 요구하고
대신 자신에게 굴복한 상대에게 체념을 선물한다.
그 유혹을 견뎌내는 과정이 한 사람을 정화시킨다.

;

　마조히스트(masochist)가 아닌 다음에야 고통을 즐기는 사람은 거의 없다. 손가락 끝 작은 상처만 나도 그 통증에 절절맨다. 하물며 훨씬 더 큰 다양한 고통에 맞서 싸울 엄두가 나지 않는다. 미처 체감하지 못하는 고통도 있다. 그것들이 서서히 쌓이면서 임계점을 넘는 순간 와르르 무너진다. 고통의 수용 과정은 미지근한 물에 몸을 담근 개구리를 서서히 가열하여 자기도 모르게 익어서 죽게 만드는 것과 다르지 않다.

　《내일도 둥근 해가 뜰까요?》의 주인공 나하나 씨는 어렸을 때 유치원 화재로 죽을 고비를 넘기고 하와이에 건너가 수술과 재활을 반복했다. 말도 통하지 않는 외국의 병원에서 어린아이가 겪어야 했을 고통을 상상하는 건 어렵지 않다. 30년 동안 40번의 수술을 받았고 여전히 얼굴과 몸에 흉터가 남아 있지만 그녀는 절망하지 않았다. 당당하게 삶을 일으켜 세웠다. 그녀는 누구에게나 고통은 있으며 단지 그 모양과 색이 다를 뿐이라고 말한다.

　로코모코라는 하와이 전통요리를 주문할 때마다 쉐프가 "Sunny side up?" 하고 묻는데 자신은 덜 익힌 달걀반숙이 싫지만 "Sunny side up"이라고 대답했단다. '해가 위를 바라본다'는 뜻으로 새기면서. 그녀의 책을 읽으면서 그 질기고 힘든 고통의 질곡조차 당당하게 이겨낸 모습에 감동한다. 또한 그녀를 지지하고 응원하는 남편과 가족에게 존경심이 우러난다.

　그녀가 포기하고 체념했더라도 어느 누구도 비난할 수 없다. 당해보지 않은 사람은 모른다. 그녀의 글만 읽더라도 공감할 수 있는 아픔이니 정작 당사자가 매시간 얼마나 고통스러운 시간을 견뎌냈을까 애잔하다. 그녀는 굴복하지 않았고 끝내 자신의 삶을 버텨냈으며 지금 오히려 더 큰 행복을 증언하며 그 삶을 누리고 있다. 그것 하나만으로도 존경스럽다. 고통의 과정이 그녀를 정화시켰다는 걸 삶으로 증명한다.

○
○

    우리가 살아가면서 무기력해지는 건 몸이 쇠락해서가 아니다. 끊임없이 굴복하거나 타협하면서 체념을 마치 지혜인 듯 여기며 자기합리화에 빠지기 때문이다. 나하나 씨처럼 무조건 저항하지도 무턱대고 굴복하지도 않으면서 끝끝내 자신을 지켜내고 정화하는 삶은 많은 걸 깨우치게 한다.

    이겨낼 수 있는 몸과 마음의 근육을 키워야 한다. 어쨌거나 나의 삶이니까.

대나무는 빨리 치솟으려는 욕망을 누르고
마디의 층을 만든다. 제대로 성장하기 위해.

.
,

누구나 한계가 있다. 나이와 처지, 그리고 능력에 따라 매번 다른 한계가 나타난다. 하지만 그 고개를 넘었기에 다른 고개를 만난다. 그것은 마치 대나무가 매듭의 마디를 만들고 나무가 추운 겨울을 나며 촘촘한 목질을 안으로 품어 나이테를 늘이는 것과도 같다.

세계적인 바이올린 제작자이며 사색가인 마틴 슐레스케는 《가문비나무의 노래》에서 가문비나무가 바이올린 제작자에게 은총이라고 말한다. 수목 한계선 바로 아래의 척박한 환경에서 자라난 '고난의 나무'가 울림에 축복이기 때문이다. "메마른 땅이라는 위기를 통해 나무들이 아주 단단해지니까요. 바로 이런 목재가 울림의 소명을 받습니다."

어느 나무인들 쑥쑥 자라기를 꺼릴까. 그건 생명의 본능이다. 척박한 환경은 위로 자라기만 하는 걸 허용하지 않는다. 나무로서는 답답한 노릇이다. 그 대신 줄기의 매듭(나이테)을 촘촘히 짜서 목질의 밀도를 극대화한다. 나무 안의 밀도는 겉으로는 드러나지 않는다. 그러나 그 밀도로 목질의 수준이 결정된다. 공명을 만들어내는 아름다운 바이올린이 된다. 누구에게나 한계는 존재한다. 그 한계를 밀도로 전환하는 것이 관건이다.

윤동주의 문학에 천착해온 김응교 교수는 《나무가 있다》에서 그런 밀도를 찾아낸다. 일제 치하에서 모국어로 시를 써야 하는 시인에게 당대 환경은 절망과 분노였다. 그러나 윤동주는 그것을 뛰어넘는 고갱이를 담아낸 시를 빚어냈다. 김 교수는 윤동주 시의 역동성은 모든 부정적이고 우울한 내면의 달과 헛것으로 빛나고 있는 외부의 달을 깨부수겠다는 마지막 문장에 있다고 해석한다. 식민지 청년의 고뇌와 분노가 그의 문학 속에서 단순한 감상이 아니라 자기 내면의 강화로 표상된다는 것이 어쩌면 윤동주 문학의 고갱이일 것이다. 김응교는 "자조와 반성의 목소리는 그를 폐쇄적으로 만들지 않고 오히려 더 옹골

○
○

차보이게 합니다"라고 평가했다. 그 옹골참이 바로 내적 밀도
다. 밖으로 뻗지 못하는 한계가 주는 대체 선물이다.

　대나무건 가문비나무건 모두에게 아픔이나 한계는 오히려
더 깊은 성장의 매듭이듯 삶에도 그런 대목이 있다. 한계를 인
식하는 것도 깨뜨리는 것도 모두 힘든 일이다. 하지만 그 한계
에서 밀도를 높이면 더 높이 올라갈 수 있다. 삶은 그렇다.

'찰나의 순간'이란 마음과 정신 속에 있는
'어떤 순간'을 준비하고 있을 때 가능한
'특별한 순간'이다.

;

　사진작가 고 김영갑은 한순간을 위해 끈질기게 기다리고 기다리기를 반복했다. 어쩌면 다시는 그 장면을 연출할 수도 없는 절대적 순간이다. 김영갑의 사진은 철저히 자연에 집중한다. 그에게 자연은 그가 기다리는 것 이상으로 그를 기다려주고, 그가 건네는 말보다 훨씬 더 많은 이야기를 건네는 대상이었다. 그는 사진 '밖에' 자신이 있지만 그 사진 '안에' 오롯하고 완벽하게 자신이 존재한다는 것에 충분히 만족했기에 자연이라는 거대한 피사체를 찾아 헤맸을 것이다.

　그가 걸었을 무수한 제주의 길은 흔적이 쌓여 맨살을 드러낸 길이 아니라 그 섬의 동물들이나 걸었고, 할망들이 고사리 뜯으러 다녔을, 자연 그대로의 들판이다. 가끔 제주에 갈 때면 그런 길을 잠깐 걸으며 그의 존재를 떠올린다.

　김영갑의 사진이나 삶은 단순히 그 한 사람의 그것에 그치지 않는다. 그의 사진을 볼 때마다 그 짧은 찰나의 순간을 포착하기 위해 숨죽이고 기다렸을 그 숱한 시간을 떠올린다. 모든 감각과 이성을 동원하여 그 순간에 집중했던 그의 모습이 떠오른다.

오늘 하루 어느 순간을 포착하기 위해 날을 벼리며 온몸과 온 감각으로 기다리고 집중했는가. 김영갑은 길지 않은 삶을 온통 힘겹게 살고 떠났지만 제주도에는 영원히 그가 존재한다. 제주도는 김영갑을 낳지 않았다. 그러나 김영갑은 제주도를 낳았다. 그 섬엔 그가 있다.

굴욕은 견뎌내면 디딤돌이 되지만
굴복하고 타협하면 끝내 부끄러운 비문(碑文)이 된다.

;

한 국가도 치욕의 순간이 있고 어쩔 수 없이 굴욕해야 할 때가 있다. 나라를 빼앗겨 오랜 질곡에서 신음할 때도 있다. 그러나 포기하지 않고 그 굴욕을 견디며 싸우면 되찾을 수 있다. 결코 쉽지 않고 지난하고 힘겨운 일이다. 어떤 부류의 인간들은 그 힘에 쉽게 굴복하고 심지어 빌붙어서 부스러기를 탐한다. 때로는 변절한다. 삶은 조금 편했을지 모르나 부끄러움은 대를 잇는다.

한 사람의 삶이라고 다를까. 치욕스럽게 견뎌야 할 때도 있다. 자존감은 무너지고 존재의 의미조차 송두리째 뽑힌다. 끝까지 자아를 버리지 않고 버티며 싸우면 그 질곡에서 벗어날 때가 온다. 그 고비를 넘었다고 안도하거나 그 질곡이 힘들다며 타협해버리는 그 비겁을 피할 수 있다면 적어도 삶을 마감할 때 당당할 수 있다. 나 자신에게 변절하지 말아야 한다.

제2부

오름 같은 사람이라면
: 오만하지 않고 서로를 존중하며

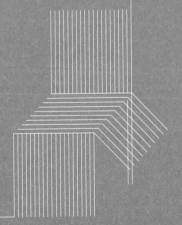

1

기댈 수 있는 사람에 대하여

,

○

○

기댈 어깨를 먼저 내주는 사람이라면
그는 이미 가치 있는 삶을 누리고 있다.

;

버나드 쇼는 "모든 일을 용서받는 청년기는 아무것도 스스로 용서하지 않으며, 스스로 모든 일을 용서하는 노년기는 아무것도 용서받지 못한다"고 비틀었다. 하지만 어지간한 허물은 눈감아주며 어깨 내주는 건 부모고 선배의 몫이다. 살짝 손해 보는 것 알아도 내게 큰 부담 주는 것 아니면 모른 척 받아주는 아량만 마련해도 누군가 힘들 때 내게 기댄다.

내줄 영토를 갖고 있다는 것만으로도 내 삶은 허튼 게 아니다. 때로 배신을 당하더라도 그걸 슬쩍 넘길 마음만 있으면 뭐 어떠랴. 내가 어깨를 먼저 내줘야 나도 누군가의 어깨를 빌릴 수 있다. 우리는 그렇게 서로를 지탱하고 희망을 지니며 산다.

그 눈빛이 나를 믿고 있다고 느낄 때
'나는 괜찮은 사람이구나'라고 생각해도 좋다.
더 이상 무슨 말이 필요한가.

;

아리스토텔레스는 누군가에게 내 생각과 뜻을 전달할 때 세
가지 요소가 필요하다고 말했다. 논리적이고 이성적인 근거인
'로고스', 정서적 호소와 공감인 '파토스', 그리고 메시지를 전
달하는 화자의 신뢰성인 '에토스'가 바로 그것이다.

에토스란 습관에 의해 지성적 부분이 되는 감정적 능력을
뜻한다. 일반적으로 인간의 윤리적 성품과 상황 등을 에토스라
부른다. (윤리학을 뜻하는 ethics는 바로 이 ethos에서 온 말이다.)
한 개인의 에토스, 한 민족의 에토스, 그리고 한 시대의 에토스
가 무엇인지는 매우 중요하다.

설득해야 할 때 논리적이고 이성적인 것(로고스)은 꼭 필요
하다. 정서적으로 호소하고 공감할 수 있는 것(파토스) 또한 마
찬가지다. 아무리 그래도 상대가 나에 대한 신뢰(에토스)가 없
다면 헛수고이다.

에토스는 어느 한순간에 만들어지는 게 아니라 꾸준히 반

○
○

복됨으로써 내 안에서 하나의 '습관'이 되면서 형성된다. 잘못된 일이 관성이 되지 않도록 순간의 말, 행동을 가볍게 여기지 않는 것.

　자동차가 고장 날 때 갑자기 나는 게 아니라 여러 요인이 차곡차곡 쌓여 임계점을 넘을 때 고장나듯이, 사람도 일도 그렇다. 그걸 인정하고 경계하는 것. 에토스는 그런 자각과 걸러냄 속에서 '좋은 습관'으로 익어갈 때 유효하다. 결국 신뢰는 타인에 의해 결정되는 것이 아니라 나의 품성이 만들어낸다. 나이는 그렇게 먹어가는 것이다.

한솥밥을 먹는다는 건 우주적인 일이다.
"아픈 데는 없니?" 그 한마디면 족하다.

;

동반자, 동료, 회사 등을 뜻하는 컴퍼니는 라틴어 꼼빠니오에 뿌리를 둔 말이다. '같이 빵을 나누어 먹는 사람'이라는 뜻이다. 한문으로 쓰면 식구(食口)다. 가장 오래 한솥밥을 먹는 사이가 가족이다. '한솥밥' 먹는 사이는 예사롭지 않다. 가족이건 동료건.

가족도 떨어져 사는 경우가 많다. 어쩌다 보면 명절이나 제사 때 연례행사처럼 보는 경우도 많다. 그래도 늘 살갑다. 3년에 한 번씩 한 달 휴가로 귀국하는 칠순의 누이도 공항에서 만나자마자 엊그제 헤어진 것 같다. 그게 가족의 힘이다. 남자들은 확실히 무뚝뚝하다. 어쩌다 만나도 "별 일 없지?" 한마디로 충분하다. 이젠 형제자매 모두 나이가 들어가니 "어디 아픈 데는 없고?"가 덧붙여질 정도다. 묘하게도 그 말 속에 모든 게 다 녹아 있다.

가족이란 구성원이 아프면 마치 제 몸 어디 하나 떨어져 나

○
○

가는 것 같은 통증을 느끼는 관계다. 전화 목소리만 들어도 어찌 지내는지, 어디 아프지는 않은지 본능적으로 직감한다. 나이 들어가면서 누나나 형들과의 통화는 늘 똑같이 마무리된다. "그래, 아프지 말고 잘 지내." 서로 아프지 않으면서 사는 것만으로도 그냥 고맙다.

아무 일 없이 보내는 하루가 결코 지루한 반복일 수 없다. 그것만으로도 고마움이 넘칠 일이다. 사고 없이, 아프지 않고, 불안하지 않게 살고 있는 매 순간에 고마우면 그것만으로도 행복한 일이다.

친구나 동료라고 크게 다르진 않다. 집밥은 아니어도 회사나 식당에서 함께 밥 먹은 사이다. 오랜만에 만나 건네는 인사도 비슷하다. "잘 지냈지? 별 일 없고?" 상투적인 인사가 아니다. "언제 밥이나 먹자"는 말이 간절하게 만나기 바라는 것이 아닌, 지나가는 인사라지만 그래도 친구들에게 건넬 때는 좀 다르다.

일단 함께 먹고 싶다는 뜻이다.

　가끔 누군가에게 전화하고 싶을 때가 있다. 가족이건 친구
건. 딱히 할 말이 없어서 망설일 때도 있다. 그래도 전화해서
"별 일 없지? 아픈 덴 없고?" 그 인사면 충분하다. 그 말에 모든
게 녹아 있을 만큼 서로를 알고 애틋해하면 그걸로 족하다. 보
고 싶을 때면 찾아가면 되니까. 그게 연륜이고 그리움이다. 연
인이 나누는 사랑의 밀도에는 미치지 못할지 모르지만 넉넉한
사랑이다. 그 사랑으로 우리는 산다.

오름은 오만하지 않고 다소곳하면서도
각자의 개성을 지닌다. 오름 같은 사람이면
충분히 값지고 의미 있는 존재다.

;

   제주 오름의 상당수는 민둥산처럼 보인다. 거창한 숲이 없고 낮은 관목이 듬성듬성 있고 푸른 초원이 완만한 경사면을 덮고 있는 듯 보인다. 감춘 길이 없어서 사방으로 연결되고 하늘과 직접 교통한다. 작은 동산 같지만 오름이 하나의 소우주인 까닭은 그것 때문이다.

   삶에서도 백두산 한라산처럼 웅대한 산과 산맥을 거느린 주연만 있는 게 아니다. 모두가 각자의 삶에서 주인공이고 주연이다. 조연의 연기가 뛰어나야 영화가 사는 것처럼 내가 누군가의 멋진 조연일 때 관계의 망은 촘촘해지고 매력적이다.

   눈에 도드라진 것만 관계 맺고 사는 게 아니다. 보이지 않거나 사소해 보여 충실하지 않게 대하는 무수한 관계가 가득하다. 그러나 따로 하나씩 떼놓고 보면 어느 하나 사소한 건 없다. 사소한 건 내 마음의 사소함이지 관계의 사소함 때문이 아니다.

○
○

    한라산에 비하면 오름들은 도드라진 주연은 아니다. 그러나 하나하나 오름을 찾다 보면 그 자체가 주연이고 주인임을 발견한다. 그 발견에서 내 삶의 주연이 누구인지 확인할 수 있다. 그 모든 관계의 그물코들을 차분하게 바라볼 수 있다. 그 관계의 밀도가 내 삶의 밀도라는 걸 깨닫는다.

    오름을 오르면 거대한 봉우리보다 돋보이지는 않지만 개성과 여유를 지닌 내면을 맛보면서 그런 삶을 꿈꾸게 된다. 나는 누군가에게 하나의 오름인가를 묻게 된다.

**누군가가 '내준' 길을 걷고 있음을 기억한다.
그게 올레의 속살이다.**

;

외지인에게 자신의 골목을 내주는 일은 결코 쉬운 일이 아니다. 골목은 사적인 공간과 공적인 공간이 혼재된 공간이다. 한 동네 사는 사람들은 파자마 바람으로도 잠깐 골목을 오가도 서로 신경 쓸 게 아니다. 거기에 낯선 외지인이 드나들면 얼마나 불편할까. 골목은 통과하는 길이기도 하지만 그보다는 동네 사람들이 소통하는 사적인 공적 공간이다. 그 공간을 기꺼이 여행자들에게 내준 사람들의 마음이 살갑고 고맙다.

골목길만 내준 게 아니다. 자신의 산책로이며 노동의 현장으로 가는 길목인 숲길도 내준다. 심지어 가는 길 잠시 쉬며 숨 고르며 커피를 마시라고 마을 청년들이 내준 배려도 있다. 올레 13코스는 그래서 더 따뜻하다.

아름다운 '잣길'은 또 어떤가. 화산 폭발로 쏟아지고 흘러내린 돌무더기들을 걷어내 밭으로 만들면서 마을을 이어주는 통로로 삼았던 것이 오랜 세월 동안 어떤 건 허물어지고 다른 건 사라졌다. 그것을 마을 사람들이 아름답게 되살려서 올레 13코스에 편입시켰단다. 동네 길을 내준 것으로도 모자라 그 길 찾는 이들에게 조금이라도 더 좋은 것 누리게 해주려 만들어낸 선물이다. 고맙고 살갑다. 그래서 예사롭게 느껴지지 않는 아름다운 길이다.

적당한 곡선이 이어지는 이 길은 그냥 되살려낸 길이 아니라 아름다운 마음들이 모아져 새로운 생명을 불어넣은 길이다. 그 길에서는 일부러 속도를 줄인다. 길에 맞춰 굽이굽이 이리저리 방향을 틀면서 내 삶에도 생각에도 적당한 곡선의 길의 필요성을 느낀다. 올레를 걸을 때마다 그 길 내준 마을 사람들에게 고맙다. 그분들이 다 살갑다. 올레의 진짜 매력이다.

'누군가에게' 열흘이라도 피는 꽃이 될 수 있다면
그 삶은 그저 그런 삶이 아니다.
시시한 삶이 아니다.

;

화무십일홍(花無十日紅)이다. 꽃이 절정이라고 보면 그 꽃이 고작 열흘밖에 피지 못하는 게 서럽고 안쓰러울지 모르겠다. 그러나 꽃은 식물의 절정인 열매를 위한 전초라고 여기면 그 열흘 버텨주는 게 기특하고 고맙다. 꽃의 화려함만 바라보면 그게 보이지 않는다.

그 짧은 시간 활짝 핀 꽃은 큰 행복을 선물한다. 그래서 그 꽃에 더 끌린다. 식물의 꽃만 그런 건 아닌 듯하다. 사람이라는 꽃은 화려하게 도드라지는 않지만 꽃보다 더 깊은 향기를 담는다. 그런 삶의 꽃, 꽃의 삶은 아무렇게나 살아도 생기는 게 아니다. 아주 짧은 만남이더라도 그 사람이 전해준 향훈이 그윽하게 오래 남는 이가 있다. 그가 의도했던 의도하지 않았건 내게는 그 사람이 오래오래 한 송이 꽃으로 남는다. 열흘이 아니라 수십 년을 피는 꽃이다.

작가 김소진(金昭晋, 1963~1997)은 내게 그런 꽃이었다. 너무 짧게 지상에 머물다 떠난 탓에 그를 모르는 이들도 많지만 해당화처럼 고고하고 아름다운 꽃이었다. 사회 변혁을 꿈꾸었지만 그 시대가 이를 허용하지 않았다. 그 고민이 소설로 옮아갔다. 《쥐잡기》와 《자전거 도둑》은 아버지와의 갈등과 화해를 통해 기억이, 서사가, 민중의 삶이 역사 앞에서 어떻게 살아왔는지, 어떻게 살아야 하는지를 그려냈다. 그는 우리말에 대한 애정이 유별했다. 입말의 힘뿐 아니라 서서히 사라지는 생활 언어의 고갱이를 능숙하게 살려냈다. 그래서 그의 소설을 읽다 보면 꼭 한두 번은 사전을 뒤적이게 만들었다.

그의 삶은 너무 짧았다. 신문사를 사직하고 소설에만 전념하겠다고 전업작가의 길을 나선 지 2년 만에 병을 얻어 우리와 작별했다. 너무 짧은 삶이어서 안쓰러웠고 더 이상 그의 작품을 만날 수 없다는 현실이 야속했다. 그러나 그가 남긴 작품은 짧은 열흘의 꽃보다 더 아름다웠다. 한국 소설에 대한 안타까

○
○

움이 들 때마다 김소진을 소환한다. 그가 조금이라도 더 오래 우리 곁에 머물렀더라면.

나보다 네댓 살 어렸지만 나보다 훨씬 일찍 꽃으로 세상에 머물렀다. 내게는 그 꽃이 아직 지지 않았다. 엄청난 글을 쏟아내고 많은 이의 반응을 누리는 작가도 많지만 정작 그 작품을 다시 읽고 싶지 않을 때면 고작 닷새쯤도 제대로 개화하지 못했다는 느낌이 드는데, 그는 그 짧은 시간에도 열흘 넘는 꽃을 피우다 갔다. 어찌 그 삶이 시시하다 하겠는가.

이미 그가 머물렀던 시간의 두 배쯤의 삶을 끌어왔다. 그가 피웠던 꽃의 몇 송이라도 담아냈는지 부끄럽다. 적어도 그의 작품을 읽었다면, 그 꽃을 보고 그 향기를 맡았다면 나도 시시하게 살아서는 안 된다. 누군가에게 그저 며칠이라도 피는 꽃이어야 한다, 이제부터라도.

고통을 남의 밭에 묻어두지 말아야 한다.
내 밭에 드리운 '공짜' 햇살과 비와 바람에 감사하며
남의 밭에도 그것을 남겨둘 수 있어야 한다.

;

지금 내가 누리는 권리는 언제 어디선가 누군가의 희생을 통해 어렵사리 얻은 선물이다. 그것을 잊지 말아야 한다.

에밀리 데이비슨과 에멀린 팽크허스트를 기억하는 이들은 별로 없을 것이다. 1913년 교사였던 에밀리 데이비슨은 영국 국왕 조지 5세가 참관하는 경마 대회에서 국왕의 말에 몸을 던졌다. 여성참정권을 끈질기게 요구한 그녀는 그렇게 죽었고 그녀의 죽음에 분노한 시민들의 저항은 마침내 여성에게도 투표권을 주게 만들었다. 에멀린 팽크허스트는 여성사회정치연맹 (WSPU)의 지도자였다. 유복한 집에서 태어난 그녀는 여성의 출구 없는 삶에 대해 회의를 품고 여성해방운동에 뛰어들었다. 그녀의 남편 리처드 팽크허스트는 가장 강력한 지원자 겸 지지자였고 딸 또한 어머니의 사상을 공유하고 실천했다.

팽크허스트 모녀는 여성참정권을 얻기 위해 합법이건 불법이건 가리지 않고 모든 행동을 실천했다. 감옥이 모녀의 집이

었고 단식 투쟁도 마다하지 않았다. 하지만 당시 남성은 여성
이 참정권을 가지면 결혼제도와 가족제도가 위태로워지고 남
성의 권위를 위협할 것을 두려워했고 그에 비례해서 여성운동
가들에 대한 탄압을 더욱 강화했다. 그러나 그들의 노력은 끝
내 결실을 거뒀고 지금 모든 여성은 참정권과 투표권을 행사한
다. 지금은 당연한 일처럼 여기지만 그걸 얻기 위한 희생은 기
억하지 않는다. 고작 100여 년 전의 일인데.

정치적 권리뿐 아니라 지금 우리가 누리고 있는 모든 삶은
이전의 인류가 쌓아온 삶과 문화가 낳은 결과물이다. 문이 열
리기까지 무수히, 끊임없이 그 문을 두드렸고 때론 목숨을 바
쳤다. 그런 과정을 통해 인간의 존엄성과 권리를 얻었다. 그걸
잊지 말아야 한다. 지금 우리는 다음 세대에게 무엇을 마련해
줄 것인가. 그것은 우리가 무엇에 맞서, 무엇을 위해 살고 싸워
야 할지를 묻는 것과 동일한 물음이다.

눈물이 좋다.
살다 보면 그런 때가 있다.

;

눈물에 인색하지 말아야 한다. 눈물 흘리지 않는다고 강해지는 것 아니다. 눈물은 마음을 정화시킨다는 상투적 말은 미뤄두더라도. 겨울 매운 바람 이겨내고 솜털 밀어내며 꽃 싹트는 게 기특해서 눈물이 핑 돌아야 제대로 된 삶이다. 여름 내내 열심히 살다가 가을 햇살과 서리에 서서히 퇴장을 알리며 떨어지는 단풍 낙엽에도 뭉클해진다. 그런 거다. 살면서 한 번도 제대로 그런 감정에 젖지 않는다면 그건 산 게 아니다. 남 눈치 볼것 없다. 눈물이 나면 어떤가. 그대로 눈물에 내 감정 맡기면되는 것을.

진실한 눈물이라면 일단 용서해주자. 눈물은 그것만으로도속죄한다는 징표다. 누군가 눈물 흘릴 때는 다그치지 말고 일단 기다려주자. 설령 그게 뛰어난 연기라 해도. 그게 최선의 배려다. 눈물은 약조의 담보물로 충분하다.

어린 나이에 아버지가 돌아가신 뒤 내가 잘못을 했을 때면

◦
◦

엄마는 매섭게 야단쳤다. 혹여 아비 없는 자식이라는 말 들을
까봐 엄격했다. 엄마는 늘 막내인 내 편이고 넘치게 사랑해주
었는데, 아버지 돌아가신 것도 서러운데, 엄마가 매섭게 야단
치면 야속했다.

내가 울면 엄마는 아무 말씀도 않고 그냥 안아주거나 슬그
머니 자리를 피해주셨다. 서러워서 혹은 억울해서 울어도, 잘
못을 깨닫고 울어도 그러셨다. 그때마다 이상하게도 마음이 맑
아졌다. 엄마한테 미안했고 다시는 같은 잘못을 반복하지 않았
다. 아이들이 어렸을 때 나는 그러지 못했다. 야단칠 때는 호되
게 몰아세웠다. 그럴 때마다 엄마 생각이 났다. 그러면서 조금
씩 나도 뒤로 물러섰다. 누군가 눈물을 흘리면 가끔은 뒤로 물
러서 피해주는 것도 좋은 처방이다.

눈물 가운데 가장 아프고 슬픈 건 악이 선을 억누르고 무력
한 약자가 그 폭력에 방치되는 걸 볼 때의 눈물이다. 분노와 더

○
○

불어 내가 도울 수 없다는 안타까움이 빚어내는 눈물이다. 그런 눈물을 흘리지 않도록 하는 게 좋은 세상이다.

제주항에 가면 끝내 도착하지 못했던 아이들이 생각나 눈물이 난다. 팽목항에서는 더더욱 그랬다. 그 아이들 생각하면서 눈물도 흘리지 않는 사람은 인간도 아니다.

존경과 흠모, 혐오와 비난 둘 사이의 간극은 의외로 좁다.
사람을 대하는 태도와 자기 삶에 대한 겸손의 차이다.

.
;

불가근불가원(不可近不可遠)이란 말이 있다. 가까이 하지도
멀리 하지도 말라는 뜻이다. 멀리서 보면 존경할 인품과 흠모
할 행적의 인격으로 보였던 사람도 가까이서 보면 욕망과 술수
로 똘똘 뭉쳐진 인간성을 발견하게 되는 경우가 있다. 상처받
는다. 그러니 너무 가까이 하지 말라는 충고다.

가까이 가려는 건 그와의 관계를 보다 친밀하게 만들고 싶
기 때문이다. 그 그늘에서 나도 한 귀퉁이 얻고 싶은 욕망 때문
이기도 하다. 너무 멀리 떨어지면 그에게서 얻을 수 있는 좋은
점을 아예 보지 못한다.

생각보다 이런 관계가 많다. 도대체 왜 그런 반전 아닌 반전
때문에 상처받고 심란해질까. 내 탓도 있지만 상대의 인품에서
오는 경우가 더 많다. 감탄할 지식과 탁월한 언변, 뛰어난 성취
의 인물이라고 반드시 그에 버금가는 인격의 소유자일 거라는
등식은 성립하지 않는다. 모든 인간관계가 그렇듯. 그런

○
○

경우 오히려 자기도취에 빠지기 쉽고 모든 판단의 기준을 자기가 이룬 것으로 삼기 쉽다.

대학 졸업반 때 충격적인 일이 있었다. 학생이 교수를 살해한 사건이다. 천재라는 평가를 받던 교수였다. 그는 수업을 따라오지 못하는 학생들을 도저히 이해하지 못했다. 그건 전적으로 게으르고 공부에 소홀했기 때문이라고 여겼다. 성적 이의신청은 아예 불가했고 대체 과제로 보충할 기회조차 주지 않았다. 성적에 엄격하기로 정평이 난 학교였지만 그 교수의 경우는 비교 불가일 정도였다. 전공필수 과목이었기에 이수하지 못하면 졸업이 불가능했다. 낙담한 학생이 읍소하며 대체 과제를 통해서라도 낙제만은 면해달라고 간청했지만 냉정히 거절당했다. 그리고 얼마 후 그 끔찍한 일이 벌어졌다.

교수 자신은 한 번도 겪어보지 않은 일이었다. 학생이 졸업하느냐 못하느냐는 전적으로 그의 능력에 달렸다. 똑같은 조건에서 수강하는데 대체 과제로 낙제를 면한다는 건 그로서는 공정하지 않다고 여겼을지 모른다. 하지만 그에게는 공감 능력이나 제자의 사정에 대한 관심이 부족했다. 뜻밖에 이런 일이 많다.

그런가 하면 수업이 난해하고 핵심을 정리할 수 없어 그다지 인기가 없었던 교수도 있었다. 그런데 그런 평가를 받던 그 교수는 늘 제자들이 인사를 다녔다. 그는 겸손했고 대화와 토론에서도 당신과 우리를 대등하게 대했으며 우리 주장에 귀를 기울였다. 그분의 인품이 우리로 하여금 존경과 사랑으로 가까이, 오래 머물게 만들었다. 또 한 분은 당신이 학과장일 때 학부조교(장학금 대신 학과의 일을 거드는 일로 등록금을 지원하는) 가운데 영화 수업 받으러 다니는 학생의 형편을 고려하여 일을 줄여주고 대학원생 조교들에게 그 일을 조금씩 나눠 맡아달라고 '부탁'하기도 했다. 그 학생이 바로 세계적으로 유명한 감독으로 성공한 박찬욱 학생이었다.

○
○

누군가 이룬 성취, 성공, 권력, 명예 등은 그저 껍데기 옷에 불과하다. 아무나 이루는 건 아니니 존경할 일이지만 '사람'에 대한 건 아니다. 중요한 건 사람의 향기다. 대단한 걸 이루지 못하고 살아온 삶이, 사람이 훨씬 더 많다. 주눅 들 것 없다. 그런 성취는 없어도 사람을 정중하고 따뜻하게 대하며 겸손할 수만 있어도 그 향기는 감출 수 없다. 향기를 지닌 사람이 아름답다. 중년의 나이는 그걸 정돈하고 모자란 부분은 채워나갈 전환의 시기다.

향기 나는 삶은 꽃에서 오는 게 아니라
그 꽃을 피운 과정을 깨닫는 데서 온다.
삶의 향기는 꽃이 진 뒤에도 오래 남는 그런 것이다.

;

자리에 있을 때는 정작 모른다. 그 사람의 진짜 가치와 향기를. 그가 떠난 뒤에도 그 향훈이 오래 남아 있는 사람이 진짜 향기로운 사람이다.

"매화는 추위와 고통을 겪은 뒤에 맑은 향기를 내뿜고 사람은 어렵고 힘든 일을 만났을 때 그의 절개와 인품을 드높인다(梅經寒苦發清香 人逢艱難顯其節)"는 말처럼 그 어려움을 겪고 힘든 일 이겨낸 뒤에야 깨닫는 건 미안한 일이기도 하지만 다행스러운 일이다.

누구나 힘겨운 일을 겪는다. 그러나 거기에 굴복하지 않고 끝내 자신의 가치를 지켜낼 때 그의 삶에 향기가 담긴다. 그랬을 때 비로소 그 힘겨움조차 고마운 과정이 되고, 그 과정을 통해 삶이 성숙한다. 그냥 힘든 거 참으라는 게 아니다. 거기에서 자신의 향기를 담아낼 '삶의 공간'을 마련해야 한다. 그런 과정이어야 한다.

　　　　　　　○
　　　　　　　○

　지난 뒤 그 사람이 어떻게 살았는지 짚어봐야 하는 건 거기에 그의 진면목이 있기 때문이다. 아직 그 자리에 있다면 만만하고 쉽게 살지 말아야겠다는 생각을 다잡아야 한다. 떠난 자리 구리고 악취 풍기는 사람이어서야 안 될 일이다. 이제는 그 생각에 집중해야 할 때다.

**사과나무에게 왜 배가 열리지 않느냐고 다그치지 마라.
아이들에게 내가 원하는 열매를 강요하는 건
그것과 다르지 않다.**

;

모든 부모는 아이를 사랑한다. 세상에서 가장 소중하고 귀한 존재다. 마땅히 자식이 잘되고 멋지게 살기 바란다. 부모가 할 수 있는 한 모든 것을 지원해준다. 그러면서도 그 이상 해주지 못하는 걸 안타까워하고 내심 미안해하는 게 부모 마음이다.

은연중 내가 자식에게 쏟은 투자에 대해 생각한다. 바람이 있다. 물론 좋은 의미의 바람이다. 내 뱃속으로 낳은 자식이라도 나와 독립적인 존재라는 걸 자꾸 까먹는다. 내 바람에 맞지 않으면 분노하고 배신감을 느끼기도 한다. 심지어 기대에 미치지 못하면 미워하기까지 한다. 자꾸 내 기준을 요구하고 내 바람에 맞추기를 강요한다. 그건 사과나무에게 왜 배가 열리지 않느냐고 따지는 것과 다르지 않다. 그걸 모르지 않으면서도 부모로서의 기대와 소망이 있으니 다그친다. 그걸 사랑이라고 변명한다. 그건 사랑이 아니다. 나의 투사(projection)일 뿐이다. 각자의 재능과 능력이 다르다. 그걸 존중해주는 것만으로도 사랑은 충분하다.

　내 기대에 아이를 맞추지 말아야 한다. 그 아이가 내게 찾아왔을 때 느꼈던 그 감격만으로도 그는 내게 충분히 선물을 다 준 셈이다. 누워서 내 눈을 맞추고 깔깔대던 모습에 감격했다. 뒤집기와 옹알이로 나를 흥분시켰고 불안한 듯하지만 한 걸음씩 떼던 걸음마의 경이로움과, 늘어가는 낱말과 문장은 또 어땠는가. 아이의 신발만 봐도 흐뭇하지 않았던가. 이미 그 아이는 내게 넘치는 선물이었다. 그 나머지는 덤이다. 그런데도 자꾸만 더 큰 걸 요구한다. 그 짐이 커서 아이가 고통 받는 건 모른다. 모든 부모도 아이였지 않은가.

　어리건 성인이건 자식이 이미 내게 준 기쁨과 환희만으로도 충분하다. 내 눈에 맞춰 다그치지도 말고 내가 걸어온 길, 내가 살아온 세상에 맞춰 아이를 재단하지 말 일이다. 그 고집만 접어도 우리는 더 많이 사랑하며 행복할 수 있다.

유연함에 대하여

,

아침의 햇살과 저녁의 햇살이 다르듯 사람도 그렇다.
우리는 늘 그렇게 달궜다 식었다 하면서 살아간다.

;

초지일관은 좋은 미덕이다. 겉 다르고 속 다른 사람은 금세
들통난다. 가까이 하려 하지 않는다. 모든 일에 일관성을 갖고
대하는 사람이 좋게 평가된다.

사람이건 일이건 처음부터 끝까지 늘 한결 같을 수는 없다.
억지로 일관성을 가지려 할 것도 없다. 늘 일관적이라고 자랑
할 것도 아니다. 이랬다저랬다 변덕스러운 게 아니라면 적당히
긴장과 이완을 조절하며 살아야 한다. 때론 욱 하고 때론 표변
한 듯 냉철할 수도 있다. 그걸 무조건 비일관적이라고 비난할
일이 아니다. 우리는 모두 달궜다 식었다 하면서 살아간다.

달궜다 식었다 하는 삶과 거리가 먼, 매우 규칙적인 삶에도
빈틈이 있어야 한다. 칸트는 완벽하게 일관된 사람이었다. 오
죽하면 쾨니히스베르크에 살던 사람들은 칸트의 산책 시간으
로 시간을 짐작했을까. 그랬던 칸트도 어느 날 산책을 빼먹었
다. 장 자크 루소의 《에밀》을 읽다가 푹 빠져 산책을 까먹었기

○
○

때문이다. 사람들은 흔히 그 에피소드에서 루소의 저작을 말하지만 나는 '산책을 까먹은' 칸트여서 좋다.

가끔은 정신줄 놓을 줄도 알아야 한다. 그 짧은 일탈이 칸트에게는 뜨거운 시간이었을 것이다. 적당한 빈틈이 늘어나면 자연스럽게 달궜다 식었다 하는 삶이 가능하다.

나는 오름이 좋다.
높이를 전혀 고려하지 않고 오르기 때문이다.

;

제주도의 기생화산인 오름을 찾는 이가 점점 많아진다. 전문적으로 오름만 찾는 이들도 생겨났다. 오름은 확실히 독특한 매력이 있다.

'동양 최대'니 '국내 최초'니 하는 말이 참 싫었다. 열등감에서 빚어진 말이다. 그런 습속 때문에 산을 오를 때도 꼭 높이를 따지고 등급을 매긴다. 에베레스트는 당연히(?) 알아도 K2나 칸첸중가 혹은 다울라기리 등의 이름은 잘 모르거나 관심도 없다. 이름값부터 따진다.

제주도에서 한라산은 압도적이다. 섬 어디서나 바라볼 수 있다. 남한에서 가장 높은 산이라는 매력도 있다. 그에 비해 오름은 큰 화산의 옆쪽에 붙어 생긴(그래서 '기생'이라는 말이 붙는) 작은 화산이다.

오름의 가장 큰 매력 가운데 하나는 아무도 높이를 묻지 않는다는 점이다. 우리는 사람을 만나도 그의 직업, 학력, 수입,

인간관계 등을 빠르게 파악하고 그에 근거해서 그 사람을 판단한다. 사람이건 사물이건 어떤 지표로 가늠한다. 오름은 거대한 산맥도 아니고 고산준봉이 아닌 까닭에 높이를 따지지 않는다. 오름은 높이로 평가되는 게 아님을 사람도, 오름도 다 안다. 오름들은 높이를 경쟁하며 과시하지 않는다. 그저 수줍게, 사람들이 이름을 모르거나, 따로 이름 붙여주지 않아도 묵묵히 그곳에 존재할 뿐이다. 오름에서 의연함을 배운다.

순례는 혼자 하는 것이다.
그 순례에서 만나는 모든 것은 이어진다.

;

제주도에서 대정에 갔던 건 추사기념관을 보기 위해서였다. 전시물이야 이전에 보았던 것과 별반 다르지 않을 터였고 온전히 건물을 보기 위해서였다. 승효상이 세한도 그림 속의 집을 형상화하여 설계한 건물이다.

세한도는 간결하고 단순하다. 둥근 창문 하나 달린 작은 집. 늙은 소나무 한 그루와 잣나무 두어 그루. 갈필법(渴筆法)으로 그려서 거친 맛이지만 묘한 기품이 있는, 그림의 집을 건축가는 어떻게 그려냈을까. 그는 세한도를, 추사를 순례한 순례자였을 것이다. 생각보다 조금은 덩치가 컸지만 한눈에 봐도 세한도의 그 집이었다. 나는 승효상을 통해, 그 집을 통해 추사와 세한도를 순례했다. 세한도의 진짜 주인공 우선(藕船) 이상적(李尙迪)의 인격을 순례했다. 그렇게 모든 것은 이어진다.

내친 김에 서쪽 해안길을 따라 올라갔다. 서서히 눈발이 날렸다. 어쩌면 추사는 내가 가는 길의 반대편으로 유배지를 향

○
○

해 내려갔을 것이다. 그에게는 유배였고 그 길을 짚는 나에게
는 순례인.

하염없이 가다 보니 어느덧 애월이다. 오후의 피곤이 살짝
밀려오면서 바닐라 라테로 나를 위로하고 싶었다. 작은 카페였
다. 갑자기 함박눈이 쏟아지기 시작했다. 창밖의 바다도 눈에
가려 보이지 않았다. 그 작은 카페에 작은 천창(天窓)이 보였다.
눈을 들어 천창을 보니 눈이 그대로 위에서 직하강하는 모습
이 보였다. 추사는 '소창다명 사아구좌(小窓多明 使我久坐, 작은
창으로 햇살 가득 드니 나를 오래 앉아 있게 하는구나)'라는 시를 썼
다. 갑자기 대정 추사기념관 안에서 바라본 둥근 창이 떠올랐
다. 햇빛만 들어올 뿐 밖을 내다볼 수 없는 높이의 눈. 두 개의
창과 두 개의 눈이 대정과 애월에서 만났다. 그 창을 통해 다른
시간들과 공간들이 한순간에 이어졌다. 순례가 아니었으면 느
끼지 못했을 특별한 느낌.

순례가 거창한 게 아니다. 순례지를 딱히 정해야만 하는 것도 아니다. 길을 가다 다른 길과 이어지는 걸 느끼고 잠시 앉아 있으면서 비슷한 계기가 이어지면 생각이 이어지는 건 하나의 순례. 순례의 길은 홀로 나온 길이지만 마음의 눈이 열리면 모든 것이 이어진다. 그렇게 세상과 연대하는 법을 배운다.

그게 그날 걸었던 나의 순례였다. 다시는 애월의 그곳에서 똑같은 함박눈을 만날 수 없을 것이다. 그러나 언제 다시 가도 그 카페의 천창을 통해 대정의 추사기념관 둥근 창을 볼 것이다. 한여름에도. 순례는 눈에 보이는 것 그 이상의 것을 볼 수 있는 나만의 길이기에. 그 순례에 내 삶의 길도 한 자락 걸쳐두면 제법 어울리는 때가 된 것이다, 내 나이가. 고마운 일이다, 나이 드는 것도.

여러 갈래의 길이 있다는 건,
그 선택이 질서에 따라 움직이고
서로의 선택을 지켜주고 기다려준다는 약속이다.

;

누구나 자신이 선택한 길이 최선이라고 여긴다. 그렇게 생각하지 않고 모든 걸 걸 수는 없다. 최선은 곧 유일한 길이라 여긴다. 그런 등식을 시비할 일은 아니다. 이왕 선택한 길이 유일하다고 믿는 자기 신념이 낫다.

전공으로 영문학을 선택한 이유는 영미 문학을 마음껏 누리고 싶었기 때문이다. 영문과를 졸업하면 취업이 잘된다거나 등속의 이유는 전혀 없었다. 좋게 말하면 순진하고 객관적으로 말하면 세상 물정 모르는 숙맥이었다. 셰익스피어나 스콧제럴드 등의 작품을 읽는 게 생활일 수 있다는 것만으로도 행복했다.

현실은 달랐다. 대작가들의 걸작을 읽을 때 느꼈던 감정을 누리는 건 호사였을 뿐 구조적으로 분석해야 하고 분석할수록 그 문학의 층위가 나로서는 도달 불가능한 '피안' 쯤으로 여겨지면서 그에 비례하는 절망은 온전히 내 몫이었다. 그 작품들에 담긴 심오한 사상의 뿌리를 캐고 싶었다. 언어 철학과 예술

철학에 꽂혔다. 선택의 갈등도 있었다. '프랑스혁명사' 등 몇 과목을 수강했던 담당 교수는 사학과 대학원 진학을 권했다.

함께 공부하던 친구들이 하나둘 사회로 떠날 때 갈등했다. 그래도 내가 가야 할 길은 하나뿐이라고 여겼다. 그런데 나이 들어가면서 한 사람에게 하나의 길만 허락된 것도 아니고 그 길이 한 갈래로만 이어진 게 아니라는 걸 깨달았다. 그 생각은 대학에서 학생들을 가르치면서 확고해졌다. 교양필수 과목을 강의하던 내 수업은 온갖 학과의 학생들이 수강했다. 각 주제에 따라 다양한 학과의 학생이 친근하게 느낄 사례를 통해 강의하면서 다양한 자료와 세상사를 탐구해야 했다. 그 과정을 통해 모든 게 어떤 고리로 이어지고 그것들 나름의 질서로 구성되고 있다는 걸 알았다.

워낙 지적 호기심이 많고 관심사가 광범위해서 '잡학'스럽다는 말을 많이 들어왔다. 그게 늘 마음에 걸리는 콤플렉스였는

데 오히려 그런 성향이 강의와 공부에 도움이 된다는 걸 알았다. 고리가 많으면 많을수록, 연결의 갈래가 많으면 많을수록 내용은 풍부해졌다. 당시 외국에서 공부하던 작은누나가 '지적 산만함'의 완성은 아무나 지니는 게 아니니 신경 쓰지 말고 즐거운 마음으로 누리라고 했던 말이 실감났다.

제4차 산업혁명의 특징 가운데 하나가 '초연결성'이다. 여러 의미로 쓰이겠지만 연결의 고리가 많으면 많을수록 더 많은 결실을 얻어낼 수 있다는 의미이기도 하다. 여러 갈래 길들의 고리를 다양하게 잇고 맺는 것만으로도 큰 힘을 발휘하게 된 것이다.

세상에 어느 것이든 누구이건 하나로 존재하는 건 없다. 길은 여러 갈래다. 그 길 걷다 만나는 다른 길에 대해 다정한 눈길을 나누는 것만으로도 그 길이 더 즐겁지 않을까?

사람은 자기의 경험 속에서 모든 시간을 재구성한다.
그러나 그 소환을 제 삶 이상에서 끌어낼 때
우리는 비로소 엄청난 밀도의 시간과 해후한다.

;

흔히 적성에 맞는 일을 하라고 한다. 현실은? 적성검사 백날 해봐야 선택은 늘 현실적이고 경제적인 이유에 좌우된다. 정작 중요한 건 '기질(temperament)'이다. 앎과 삶이 일치하지 않는 건 실천의지가 없어서라기보다 기질이 맞지 않아서 그런 경우가 대부분이다.

누구나 살면서 많은 경험을 한다. 그러나 그 경험이 온전하게 내 것이 되어 내 삶과 사고의 영역을 만들게 되는 건 기질에 맞기 때문이다. 가령 내가 플라톤을 깊이 연구한다고 했을 때 머리로는 거의 모든 플라톤 전문가를 능가할 정도로 지식과 정보가 넘친다 해도 내 기질과 맞지 않으면 지식 더미로만 존재할 뿐이다. 입으로는 플라톤을 떠들면서 삶은 전혀 그렇지 않거나 심지어 그 반대로 산다. 앎과 삶의 불일치는 그렇게 나타난다.

플라톤의 이상이 내 앎과 삶에서 공명하며 내 삶으로 추동

되는 힘을 내부에게 끌어올리는 건 지식이 아니라 기질이다. 그 대상이 공자건 칸트건 다르지 않다. 어떤 주제를 내가 잘 이해하고 충분한 지식을 쌓았다 하더라도 내 기질과 맞지 않으면 내려놓고 다른 걸 찾는 게 낫다. 자기 가슴도 울리지 못하면서 그걸 가르치려 드는 건 허위고 자기기만이다. 그것으로 권력이나 명예를 얻을지 모르지만 그건 가면에 불과하다.

자신의 경험 속에서 재구성한다는 건 결국 자신이 그런 삶을 살거나 그게 기질에 맞아서 마치 숨 쉬듯 자연스럽게 내 안과 밖에서 호응할 수 있다는 의미다. 안타깝게도 기질에 맞지 않게 선택한 삶이 많았다. 남은 삶에서는 그걸 누리면서 살면 더 즐거울 것 같다.

모든 시간과 공간은 따로 보면 모두 단편적이지만
잇기 시작하면 무한할 수 있다.

;

베니스 산마르코광장의 유명한 커피숍 '플로리안'에서 진한
커피를 마시며 '카페 7그램'이 떠올랐다. 매개는 커피지만 내용
의 고리는 '따뜻함'이었다. 완전히 다른 공간과 시간을 잇는 건
'부여된 의미'에서 온다. 그 '따뜻함'이라는 고리는 다시 피렌체
로 이어졌다.

피렌체의 단테 생가 골목길 건너편의 '성토마스의 집' 현관
문 옆에는 우체통처럼 작은 구멍이 있다. 아무도 주목하지 않
는 집이고 구멍이다. 성토마스의 집은 당시 구빈 기관 역할을
했다. 몰락한 귀족들이 자존심 때문에 거기에 와서 걸식할 비
용을 구하지 못하자 그들의 자존심을 지켜주기 위해 서로 대면
하지 않고 돈을 얻어갈 구멍을 만든 것이다. 구례 운조루의 '타
인능해(他人能解: '아무나 열 수 있다', 즉 누구나 배고프면 뒤주의
쌀을 퍼갈 수 있다는 뜻)' 쌀뒤주가 자연스럽게 연결되었다. 시간
도 공간도 분리되어 있는데 어떤 느낌이나 사건으로 둘은 자연

○
○

스럽게 이어졌다.

공적인 일로 만나서 속으로 '꽤 괜찮은 사람이구나'라고 느끼며 호감을 가졌는데 알고 보니 중학교 동창의 동생이었다. 갑자기 그 친구와 중학교 때 소풍날 땡땡이치고 명보극장에 〈빠삐용〉을 보러 갔다가 영화 보러 오신 선생님께 들켜 다음날 교무실에 불려갔던 일이 불현듯 떠올랐다.

모든 시간과 공간은 따로 떨어져 있다. 모든 것은 하나의 시간과 공간의 일대일 대응 구조에서 벗어날 수 없다. 그러나 내 경험과 기억 속에서는 그런 질서에 얽매이지 않는다. 문학에서의 '의식의 흐름'은 사실 우리 인식 속에서는 언제든 일어나는 '상시적인' 일이다. 그런 매듭이 엄청나게 많다. 그게 삶의 자산이다.

그 자산을 최대한 증식시킬 나이가 언젠가 도둑처럼 찾아온다. 내 삶의 무수히 많은 편린이, 인연이 이어지면서 빚어지는

○
○

판타지를 즐길 나이가 된 것이다. 그래서 인간관계에서 더 조
심하면서 살아야 할 나이이다. 알면서 잘못을 반복할 수는 없
는 노릇이니까.

**책을 한 권도 읽지 않은 사람이 위험한 게 아니라
한 권의 책만 읽은 사람이 위험하다.**

;

절대적인 것은 없다. 그런 것이 있다고 믿는 착각이 우매함과 폭력을 낳는다. 절대적인 판단의 기준으로 작동할 우려가 있기 때문이다. 하나의 종교, 하나의 이념에만 목매는 사람은 한 권의 책만 읽는 사람이다.

자신이 믿는 종교만 유일하게 선하다거나, 오직 그 경전만이 완전하다며 그 글자 하나하나에 모두 방점을 찍으면서 절대적이라고 떠드는 건 폭력이다. 절대자인 창조주는 절대적일 수 있을지 모르나 그에 대해 인간이 서술한 책이나 인간의 논리로 설명한 신학이 절대적인 것은 아니다. 그럴 수도 없다. 그럼에도 다른 종교나 이웃 종교에 대해 막말을 일삼고 폄훼하는 것은 오로지 한 권의 책만 읽기 때문이다. 혼자서 그렇게 믿는 건 뭐라 할 일 아니지만 다른 사람까지 못살게 굴거나 득달하는 건 폭력이다. 무식함이 초래하는 폭력.

경험과 지식이 얕아 그게 전부인 줄 알고 자신의 생각과 신념이 절대적이라 여기는 건 어리석은 일이다. 새로운 경험과 지식에 눈과 마음을 열고 받아들이면 개선의 여지가 있다. 그러나 그렇게 되면 지금까지의 나를 버텨주던 게 무너진다고 생각하고는 두려워서 선뜻 문을 열지 못한다. 그렇게 화석으로 굳는다.

남은 삶에서 그런 인생을 지니고 살 수는 없다. 자기정체성을 잃지 않으면 때로 꺾이고 휘기도 하면서 성장한다. 서로 만나고 조합하면서, 뒤로 물러서기도 하고 앞으로 터주기도 하면서 그렇게 섞인다. 잡탕이 아니라 교합이고 총화다. 나이 들수록 유연해져야 하는 건 그 때문이다.

좋은 벗 있어도 알아채지 못하면 헛일이다.
좋은 벗 알아도 만나지 못하면 헛일이다.

;

    빌 홀더맨 감독의 영화 〈북클럽〉은 내가 좋아하는 '늙은' 배우들(다이안 키튼, 제인 폰다, 메리 스틴버겐, 캔디스 버겐)이 나와서 좋기도 하지만 책을 매개로 한다는 점에서 매력적이다. 칠순을 바라보는 할머니들이 한 달에 한 번 독서 모임을 하면서 우정을 이어오는데 어느 날 딱딱한 책만 읽는 게 따분하다며 《그레이의 50가지 그림자》를 선택한다. 다른 친구들은 그 나이에 섹스에 관한 소설이 가당키나 하냐고 반대하지만 결국 그 책을 읽게 되면서 나타나는 변화의 에피소드를 담고 있다. 노인이라고 해서 꿈과 사랑을 포기하면 안 되며 인생은 여전히 진행 중이며 노인도 여전히 배우고 성장한다는 스토리텔링은 좀 진부하지만 나름대로 재미있다.

    최근 영화화된 메리 앤 섀퍼와 애니 배로스의 소설 《건지 감자껍질파이 북클럽》은 제2차 세계대전 당시 독일군에 점령된 채널제도의 건지 섬 사람들이 5년 동안 문학회를 조직해서

○
○

삶의 의지를 이어나간 이야기를 편지글 형태로 풀어냈다. 책과 전혀 인연이 없을 듯한 소박한 사람들의 삶이 책을 통해 변화되는 과정이 흥미롭고 감동적으로 펼쳐진다.

책은 좋은 벗이다. 그런 벗이 있어도 알아채지 못하고 살아간다면 안타까운 일이다. 예전에는 사느라 바빠서 책 읽을 틈 없었다지만 이제는 그 굴레에서 벗어났고 남아도는 게 시간이다. 그런데도 여전히 책을 모르니 헛일이다. 설령 책을 안다 해도 읽지 않으면 소용없기는 매한가지다. 주머니 사정이 여의치 않으면 집 근처 도서관에 가서 읽으면 된다. 단순히 새로운 지식과 정보만 얻는 데 그치지 않는다. 도서관에서 시니어들끼리 독서 클럽을 만들어서 함께 모여 읽는 것도 제법 쏠쏠한 즐거움을 줄 것이다.

친구라고 하면 만나서 술 마시거나 노래방에 몰려가거나 함께 등산하는 사이라고 여기는 상투성에서 벗어날 때다. 술 마

○
○

시면서도 만날 똑같은 이야기만 반복하는 걸 지겨워해야 한다. 그런데도 그 모임이라도 없으면 적적하고 고립되는 것 같아 만나는 일도 적지 않을 것이다.

과감하게 책이라는 새로운 벗과 사귀면 어떨까. 그 친구와 깊은 대화를 나누다 보면 많은 걸 깨달을 것이고 남은 삶에 대한 생각도 크게 달라질 것이다. 일단, 책방이나 도서관으로 가 보면 어떨까?

상대적이라는 건 상대가 휘둘리는 게 아니라
내가 휘둘리는 것을 변명하는 말이다.

;

과거에 비하면 지금은 참 풍요롭다. 문제는 상대적 결핍이다. 그 상대성만 걷어내면 지금의 삶도 고마운 것이다. 다른 이와 비교하면서 내가 상대적으로 결핍된 게 보이니 아프고 상처가 된다. 행복은 바라는 바가 이루어졌을 때 느끼는 감정이다. 그것은 만족의 감정이다. 그러므로 불행은 불만족의 감정이다. 불만족을 벗어나는 것은 지금 누리고 있는 것에 만족하고 고마워할 줄 아는 삶에서 온다. 행복은 내가 정하는 기준에 따라 결정된다. 상처조차 상대적인 게 진짜 상처의 본질이다.

과거 못살았던 기억을 판단의 기준으로 삼아 지금의 현실에 대해 만족하거나 위로하는 것은 바람직한 게 아니다. 우리는 미래를 향해 현재를 살아가는 것이지 과거를 바라보면서 현재의 고통을 잊으며 사는 게 아니다. 과거에는 물질적 풍요는 없었지만 사람 사는 맛이 있었다는 따위의 말도 그리 탐탁한 말은 아니다. 가난해서 인간적으로 산 게 아니다.

○
○

　'상대적'이라는 말이 건강한 건 독단과 편견을 벗겨낼 때 비로소 의미와 가치를 갖는다. 도덕적 책임을 비껴가는 말로 쓸 일이 아니다. 행복은 욕망하는 것을 만족했을 때 이루어진다.

　건강하고 현실 가능한 욕망의 리스트부터 작성하는 것도 도움이 될 것이다. 비교를 통한 만족이 아니라 내가 선택하고 추구하는 가치를 인식하고 그것으로 충분히 만족할 수 있다는 마음의 태도가 먼저. 상대적 가치에 휘둘릴 게 아니라 자신의 판단과 신념에 토대한 활동과 사유로 행복의 무게를 재야 한다. 타인의 기준이 아니라 내 기준이 제대로 정립되었는가를 먼저 물어야 할 일이다.

섬은 뭍과 '격리'되어 있다는 점에서 고립이지만
모든 바다와 이어져 있는 가장 '개방된' 곳이다.
뭍의 길만 있는 게 아니라 물의 길도 있다.

;

우리는 모두 하나의 섬이다. 섬은 고독하다. 그러나 그 섬의
주인공인 내가 세상을 바라보고 받아들이고 내 생각의 끈으로
모든 것을 이어가면 섬은 고립된 게 아니다. 높은 시선을 위해
잠시 스스로 내 안의 벽 속을 들여다보고 그 벽을 깨뜨리기도
하는 거대한 개방적 영토다. 섬은 바다에 둘러싸여 고립된 것
처럼 보이지만 다른 시선으로 보면 섬의 길은 무한하다. 뭍의
길은 정해져 있고 방향과 수에 제한적일 수밖에 없지만 섬의
길은 전방위적이다. 그 길이 눈에 보이지 않으니 고립된 것처
럼 보일 뿐이다. 섬이 고립적인지 모든 방향으로 열려 있는지
는 섬이 자신을 어떻게 받아들이고 판단하느냐에 달려 있다.

수많은 사람을 만나지만 나와 트인 길을 나누는 사람은 생
각보다 많지 않다. 길인 듯 아닌 듯 희미한 길도 아쉽고 미련
남으니 이런저런 끈 묶어두지만 정작 그 끈 값 누릴 일 별로 없
다. 섬이 되는 걸 두려워하면서.

섬은 사방 바다의 길을 품는다. 길이 꼭 대면하는 사람이어야 하는 건 아니다. 멀리 원양에서 온 배도 있다. 그 나라 학자나 작가의 책을 내 항구에 부린다. 그 책을 만나며 길고 먼 뱃길로 세상을 만난다. 음악, 미술, 스포츠 등 다양한 방식으로 세상을 만난다. 특정한 것에 묶이지 않고 자유롭게 소통하고 교류하는. 그래서 섬의 길은 무한하다. 그런 섬의 삶을 꿈꾼다.

섬을 지닌 사람을 만나는 건 또 얼마나 행복한가. 그의 길과 나의 길이 씨줄과 날줄로 이어지면 거미줄처럼 정교한 교차로가 생긴다. 사람과의 연결이 진짜 매력적인 건 이 때문이다. 그저 어느 하나 외골수로 통하는 경우 쉽게, 깊게 의기투합할 수 있지만 오히려 그것 때문에 깊은 상처를 받을 수도 있다. 길이 너무 좁고 작기 때문이다. 개방적인 사람이어야 한다, 내가 먼저. 격리된 섬이 아니라 무수히 많은 바닷길로 이어지는 제도(諸島)의 섬이 될.

감정 절제라 쓰고 감정 억압이라 읽는다.
아껴 쓰라고 감정이 있는 게 아니다.
감정의 갑옷을 벗을 때가 되었다.

;

우리는 안타깝게도 마음껏 감정을 표현하는 법을 배우지 못했다. 기껏해야 머뭇머뭇 서먹서먹 어색하게 감정을 표현했다. 그게 몸에 배서 섬세한 감정을 표현하지 못했고, 표현하지 못한 감정은 내면에서 뭉뚱그려 얼버무렸다. 우리에게 섬세한 감정은 남의 일이었다. 그걸 감정의 절제라고 포장했다.

감정을 절제하는 건 과도한 감정을 충동적으로 드러내지 말라는 것이지 무조건 막는 게 아니다. 그런 절제는 억압이며 폭력이다. 감정의 섬세함을 배우지 못하고 산 세대는 불행히도 다음 세대에게 똑같은 폭력을 행사한다.

감정의 섬세함을 가르치는 수업이 예술 과목이다. 음악, 미술, 체육은 그런 능력을 키우고 누리도록 돕는다. 불행히도 우리는 그런 수업에서도 기능의 증강에만 함몰되었다. '자유로운 개인'은 단순히 정치 사회적 요인에 그치지 않는다. 예술이야말로 그 부분에 가장 충실한 분야다. 미술사를 조금만 세심하

○
○

게 들여다봐도 그걸 쉽게 느낄 수 있다.

　르네상스 미술에서 흔히 놓치기 쉬운 중요한 요소의 하나는 바로 그림에서 각 인물들이 '개인으로서' 감정을 표현한다는 점이다. 조르조 바사리(Giorgio Vasari, 1511~1574)가 《르네상스 미술가 평전》에서 강조하는 게 바로 그 점이다. 평전을 썼다는 건 화가를 하나의 독립체로 보기 시작했다는 것이고, 그 독립체인 화가는 등장인물을 독립적 주체로 표현했다. 그러므로 인간의 감정을 표현한다는 점이 르네상스 미술의 핵심이라고 바사리는 강조한다. 그런 점을 기억하면서 당시의 그림을 세밀하게 살펴보면 확실히 이전의 그림들과는 달리 등장인물들의 감정 표현이 섬세하고 사실적이다. 감정의 주인은 바로 자유로운 개인으로서의 나 자신이다. 그건 결코 어떤 상황에서도 양보되거나 양도될 수 없는 핵심이다.

　이런 건 미술에 그치지 않는다. 다양한 예술적 함양은 감정을 풍성하게 해줄 뿐 아니라 그 감정의 표현과 교환에도 중요한 역할을 한다.

중년의 은퇴자들이 사느라 바빠서 혹은 경제적 이유 등으로 못 누리던 예술 관련 강습을 받는 일이 많아졌다. 이전처럼 여전히 '기능적'인 측면에서만 접근할 게 아니라 부당하거나 과도한 감정의 절제나 억압의 울타리를 깨고 이제라도 자유롭게 마음껏 표현할 수 있는 힘과 자유를 누리게 하는 중요한 전환으로 삼으면 좋겠다. 여전히 갑옷으로 감정을 둘러싸고 살 까닭이 없다. 이제 그 갑옷 벗을 때다. 아무 쓸모도 없는 그 갑옷을.

남이 알아주는 것으로 내 삶이 좌우될 수는 없다.
부끄럽지 않게 사는 것으로 충분하다.

;

　진짜 사랑하면 기대가 한순간에 사라지기도 한다. 어느 부모
가 자식에 대한 기대 없을까만 설령 그 기대에 미치지 못한다
고 해서 사랑이 사라지거나 사위지 않는다. 내리사랑이기 때문
만은 아니다. '전존재로서' 대하기 때문이다. 나의 모든 것을 던
지되 보상이나 대가를 바라지 않는다. 사랑하는 연인에 대해서
도 마찬가지다. 아무리 퍼주어도 부족함을 느낄 뿐 그에 맞먹거
나 그 이상의 갚음을 요구하지 않는다. 그 경지가 완전함이다.
　공자가 《논어》 첫머리에서 제시한 세 가지 가르침 가운데 가
장 어려운 건 바로 세 번째 가르침이다. 적어도 내겐 그렇다.
"남이 알아주지 않아도 성내지 않으면 또한 군자가 아니겠는
가?(人不知而不慍, 不亦君子乎)" 얼핏 가장 쉬워 보인다. 누가 뭐
라 하건 내 할 바를 제대로 하고 남의 기대와 평가에 귀 쏠리는
것만 막으면 되는 듯하니까. 그게 그리 쉽지 않다. "자신을 꾸
짖기를 두텁게 하고 남의 탓은 가벼이 하라. 그러면 원망이 적

○
○

어진다(躬自厚, 而薄責於人, 則遠怨矣)"는 말도 그렇다. 그래도
남 탓 줄이면 어느 정도 가능하지 싶다.

14년 긴 세월 동안 여러 나라를 돌아다니며 자신의 뜻과 이
상을 펴고자 했지만 끝내 소득 없이 돌아온 공자의 나이가
68세다. 늙은 스승의 말은 한탄이 아니라 다짐이다. 어찌 원망
이 없을까. 어찌 회한이 없으며 고깝지 않을까. 그러나 온갖 풍
상과 수많은 좌절을 겪은 노사부의 말은 빈말이 아니다. 그만
큼 어렵다. 그것만 잘 지켜내도 자신의 삶은 추레하지 않을 거
라는 다짐이기도 하다. 그런 스승의 깊이를 읽어낸 안회는 일
찍이 공자가 소망을 말해보라고 하자 "제가 잘하는 걸 자랑하
지 않고, 남을 수고롭게 하지 않았으면 좋겠습니다(願無伐善 無
施勞)"라고 답했을 것이다.

남이 알아주면 반갑고 기쁘다. 그건 자연스럽다. 그러나 알
아주지 않는다고 삐치거나 섭섭해하는 건 유치하다. 그것만

○
○

지켜도 군자 비슷하게 나이 들 수 있다.

　자꾸 사소한 일에도 삐치고 섭섭해진다. 이거, 큰일이다. 과한 기대부터 접어야겠다. 그러면서 나를 다잡으며 흐트러지지 말아야겠다. 하나씩 하나씩. 시시하게 나이 들어갈 수야 없지.

더 이상 그에게 전화할 수 없다고 느낄 때
그의 부재를 실감한다.
수신인 부재로 반송되는 편지처럼.

,

상가(喪家)에 갈 일이 종종 있다. 마흔쯤까지는 거의 집안 어른이나 친구 부모님 초상 때문이었다. 그런데 쉰 고개 넘기 전부터 어쩌다 한 명 본인상이 시작되더니 이제는 해마다 한두 명으로 늘었다. 바로 전날까지 통화했던 친구가 불귀의 객이 된 게 실감나지 않았다. 약속 날짜까지 잡았었는데 그 다음날 아침 싸늘한 몸이 되었다는 전언을 믿을 수 없었다. 부고를 받은 건 발인 전날 저녁이었다. 늦은 밤 문상을 마치고 돌아오는 내내 옆이 시리고 허전했다. 아, 이제 이런 일이 조금씩 익숙해지겠구나.

며칠 뒤 몇몇 친구와 함께 그가 모셔진 납골당을 찾았다. 한참을 서로 아무 말도 못했다. 돌아오면서 휴대전화에서 그의 전화번호를 지웠다. 왜 그리 눈물이 나던지. 다시는 그에게 전화할 수 없다는 걸 느끼자 비로소 그의 부재가 실감났다. 그 후 가끔 그 친구를 뒤따르는 친구들이 생겼다. 그때마다 번호를 하나씩 지웠다. 언젠가 더 이상 지울 일이 없게 될지 모른다. 아니면 누군가 내 번호를 그의 휴대전화에서 지울 날이 오겠지.

이상하게 그 작별은 그리움을 별로 남기지 않았다. 끝내 만나지 못해도 같은 하늘 아래 있다는 걸 느낄 때 그리움이 짙어진다. 다시는 만나지 못하는 사람은 그리움의 결이 옅어지는 건 내 감성이 메마른 탓일까. 그런 작별을 온전히 피하면서 살지는 못한다. 그것들도 삶의 매듭이다. 야속하게 먼저 떠나는 친구들과의 소소한 인연은 내 마음과 기억 속에 남을 것이다. 그러니 살아 있는 친구들에게 조금이라도 더 살갑고 애틋하게 대할 일이다.

서른의 강을 두 번 건넜다. 이제 세 번째 서른의 강을 건너면서 그런 아픔은 덜, 그리고 늦게 만났으면 좋겠다. 사랑하면서 살기에도 그리 많지 않은 시간이다.

그럴 까닭이 있겠지.
언젠가 알게 될 날도 오겠지.
쉽게 버리면 되찾기 어려운 것, 시간만 그런 건 아니다.

:
;

    누군가 상처를 준다. 아프다. 화가 치민다. 그러나 난들 누군가에게 상처를 주지 않았을 리 없다. 남의 눈 검불은 보이고 내눈 들보는 보지 않는 법이다. 그런데도 남이 준 상처는 또렷하다. 용서하지 못한다.

    젊었을 때는 그런 경우 뒤도 돌아보지 않았다. 그게 자랑이란 듯, 내 성격은 칼 같다는 걸 과시라도 하듯. 얼마나 웃기는일이었던가. 실컷 혼자 할 말 못할 말 마음껏 퍼부으며 상대에게 상처를 실컷 쏟아붓고는 자신은 뒤끝 없다고 실성한 놈처럼말하는 것과 다르지 않다. 뒤끝 없기 전에 앞머리부터 없어야지. 제 말은 거칠게 다 쏟아내고는 그걸 다시 거론하면 말하는놈만 우습게 만들겠다는 심산이다. 그런 말 하는 놈이 더 괘씸하다. 마음에 들지 않는 짓 하면 칼 같이 자르고 뒤도 돌아보지않는 것은 다른가? 날 우습게 보지 말라는 방어기제의 표현에불과하다.

나이 들어가면서 좋은 점 가운데 하나는 그런 경우에도 말 못할 사정이 있을 거라고 여백을 남기게 된다는 것이다. 일시적으로 감정이 격해서 그런 반응을 드러냈을 수도 있다. 나라고 그렇지 않으리라 장담하지 못한다. 내가 그럴 수 있으면 상대도 그럴 수 있다. 그걸 남에게만 요구하는 건 비겁하고 이기적인 일이다. 언젠가 오해가 풀릴 날도 있을 것이고 그날을 기다려준 게 서로에게 고마운 날도 올 것이다.

예전에는 상대가 아파하건 말건 예리하게 말하는 게 내 지성과 판단력의 능력이라고 착각하기도 했다. 하지만 이제는 그런 어리석은 짓은 하지 않는다. 차마 부끄러워서 말하지 않을 수도 있고 때론 본인이 그때는 인지하지 못해서 그렇게 굴었을 수 있다. 그런 그도 그걸 어느 순간 깨닫고 부드러워질 날 올지 모른다. 버리는 건 쉽지만 지키는 건 어렵다. 돈이나 시간만 그런 게 아니다. 사람도 그렇다.

○
○

    서슬 퍼런 칼은 예리해서 단칼에 자르는 매력도 있지만 그 날에 제 살도 쉽게 벨 수 있다. 차라리 뭉툭한 칼이 더 기특할 수도 있다. 칼이라고 무조건 뭔가 예리하게 베는 일만 하는 건 아니다. 조금 더 기다리고 조금 더 너그러우면 된다. 그거면 충분하다.

3

떠나보냄과 다가오는 것에 대하여

바람이 자유로운 건 보따리가 없기 때문이다.
혁명은 거기에서 시작된다.

;

세상이 빠르게 변한다. 따라가기에 버거울 속도다. 좋게 변하는 것도 있고 그 반대의 경우도 있다. 빠른 속도로 변하는 세상에서 몸을 가볍게 만들어야 한다. 육신의 몸이 아니라 생각의 몸이다. 버려야 할 것인데 지니고 살면서 그게 무슨 큰 기득권인 듯 착각하는 게 많다. 공짜로 획득한 게 아니라 값을 치렀으니 그럴 법도 하지만, 이미 그 값은 다 얻었다. 과감하게 버려야 한다.

예전에는 연구하거나 책을 읽을 때 그 저자의 지식을 내 것으로 옮기는 데에만 집중했다. 내 주장을 논리적으로 혹은 근거를 제시하면서 펼 수 있으니 많으면 많을수록 좋다고 여겼다. 그게 필요한 시기였고 그런 나이였다. 그 연구와 성찰은 그칠 수 없다. 그러나 어느 순간 내가 거기에 휘둘리는 걸 깨달았다. 보따리가 많을수록 그걸 붙잡고 있었다. 방에 온갖 것 다 들여놓고 쌓으면서 정작 내가 누울 공간조차 없다는 걸 눈치

○
○

챘다. 그 뒤부터는 읽은 책 가운데 꼭 필요한 것만 머릿속에 들여놓았다. 많이 들여야 한다는 강박을 벗어나니 자유로웠다. 그래서 책 읽는 게 더 즐거워졌다.

버려야 할 보따리부터 점검해볼 일이다. 낡은 생각, 시대착오적인 판단, 편협한 인식, 일방통행의 관계성 등은 아무리 쌓아둬야 쓸모가 없을 뿐 아니라 나를 망가뜨린다. 그걸 나의 추로 삼아서는 안 된다. 난파하는 배에서 가장 늦게 내리거나 끝내 배와 함께 수장되는 사람은 보따리를 많이 실어둔 사람이다.

바람이 자유로운 건 보따리가 없기 때문이다. 혁명은 거기에서 시작된다.

미련을 남기는 작별은 상처지만
그리움을 남기는 작별은 보석이다.

;

    모든 것이 떠난다. 그걸 받아들이지 못하면 집착이 된다. 사물이건 사람이건 집착으로 굳으면 자신은 물론 다른 사람들까지 피곤해진다. 사는 건 이별에 익숙해지는 과정이다. 그 과정은 새로운 것을 만날 가능성과 설렘으로 대체되면서 조금씩 자연스럽게 익혀진다. 어떤 것에 혹은 어떤 사람에 마음을 쏟는 건 그 나름대로 즐거움과 아름다움이 있지만 아름답게 작별하는 것 또한 그에 못지않은 성정이 있다. 그렇게 성숙해가는 것이다.

    아름다운 작별을 하나씩 준비하는 삶이어야 한다. 작은 보석이라도 남겨두려면.

적당한 긴장과 여유가
관계를 지속하게 하는 힘이다.
'있을 때 잘하라'는 건 그런 뜻이다.

;

막역한 사이란 아무렇게 대해도 좋고 어떤 일을 해도 용납
되는 그런 사이를 뜻하는 게 아니다. 본디 막역지우는 서로 거
스르지(逆) 않는(莫) 친구라는 뜻이다.《장자》에 나오는 두 개
의 우화에 기인한 것인데 서로 보며 웃고 마음에 거슬리는 게
없어서 서로 벗이 된, 훗날 병들고 죽음을 맞이하면서도 초연
한 모습으로 이어진 사이다. 형식에 얽매이지 않고 삶도 잊은
채 끝이 없는 곳(無極)에서 자유롭게 오가는 사이다.

허물없다는 게 자칫 무례해질 수 있다는 점을 늘 경계해야
한다. 가깝고 친한 사이일수록 지켜야 할 예의가 있다. 어떤 관
계든 적당한 긴장이 필요하다. 처음에는 그러려니 웃고 넘기지
만 쌓이면 가랑비에 솜옷 젖듯 감내하지 못할 지경에 이른다.
그러면 끝난다.

말로는 막역지우 운운하면서도 속이 좁아 어느 허물에 마음
이 걸려 쉽게 끝내는 경우도 있다. 쉽게 고깝고 삐친다. 나이

○
○

들면서 그런 경우가 많아지는 걸 많이 봤다. 마음에 걸리는 일이 어찌 없을까. 헤어지는 건 쉽지만 다시 만나는 건 어렵고 새로 사귈 사람은 제한되었음을 기억해야 한다. 기껏 이어진 인연을 전 뒤집듯 내 감정에만 휘둘려 내칠 일은 아니다. 어쨌건 그런 경우는 대부분은 서로 예를 잃거나 전혀 긴장의 끈을 만들어두지 않아서 겪게 된다. 가까울수록 예의를 지키기만 해도 허망한 작별은 줄일 수 있다.

세상은 넓고 앞으로 만나게 될 친구는 많다고? 아서라, 지금 있는 사람들 챙기며 살기에도 버겁다는 걸 곧 알게 될 것을. 세상 나 혼자 잘나서 사는 게 아니다.

사물에 의미를 담아본 사람만이
담겨진 의미를 읽어낼 수 있다.
나에게 벌어진 일에서든, 사람과의 관계에서든.

;

특별한 만년필 한 자루가 있었다. 흔하디흔한 파이로트 만년
필이었다. 무슨 일 때문이었는지 방학 때 친구에게 편지를 썼
다. 특별한 내용은 아니었던 것으로 기억한다. 브로노프스키의
《서양의 지적 전통》이라는 책을 읽다가 그 친구에게 권하는 내
용이었을 것이다. 개강했더니 그 친구가 고맙다며 만년필을 선
물했다. 만년필을 좋아해서 수업 시간에도 만년필로 필기하는
나를 유심히 본 것이다. 당시 최고의 만년필은 단연 '파커'였다.
'몽블랑'은 꿈도 꾸지 못할 때였다.

당시 나는 학생 신분으로는 조금 비싼 축인 '워터맨'을 쓰고
있었으니 그가 선물한 국산 만년필은 애지중지할 정도의 물건
은 아니었다. 그러나 그 만년필은 아주 오랫동안 간직했다.
10년쯤 쓰니 결국 더 이상 만년필로서의 역할을 다하지 못했
다. 그런데도 그 용도 만료된 '고물' 만년필을 버리지 못했다.
내겐 그저 그런 만년필의 하나가 아니었다. 불행히도 그게 언

제 내 곁을 떠났는지는 기억하지 못한다. 그러나 개강할 때 그 친구의 표정은 지금도 잊지 못한다.

얼마 전 대학원 선배가 몽블랑 만년필을 선물했다. 내 책을 선물했더니 답례로 준 것이다. 과분한 선물이어서 선뜻 받지 못했다. 그러나 선배는 자신이 아끼던 것인데 저자 사인회할 때 쓰라며 잉크와 함께 주었다. 돈 주고 산 것보다 더 큰 애정이 담긴 만년필이었다. 아직은 길게 줄을 선 저자 사인회를 갖지 못한 처지여서 그 선배가 말한 기회는 없지만 출판 계약서처럼 중요한 서명이 필요할 때는 꼭 그 만년필을 사용한다. 죽을 때까지 쓰려면 잘 간수해야 할 것이다.

누군가에게는 하찮은 물건으로만 여겨질지 모르지만 거기에 '의미'가 담기면 전혀 다른 사물이 된다. 이름을 불러주는 것만으로 '꽃'이 되어 내게 다가오는 것처럼. 하물며 사람은 더 말해 무엇하랴.

**지금의 사랑이 유일하고 유일회적이라고 상상하면
어떤 사랑에도 태만할 수 없다.**

;

얼마 전 밤새 잠을 못 이룬 적이 있었다. 늦은 밤이 되어도 귀가하지 않는 아들에게 전화했더니 택시 탔으니 걱정하지 말고 먼저 주무시라는 답이 왔다. 새벽 1시 반이 넘어도 오지 않았다. 한 시간 전에 도착했어야 하는 시간이었다. 아무리 전화해도 전화는 불통이었다. 심장은 바짝 말라 오그라드는 느낌이었다. 두 시까지 기다리며 온갖 생각이 다 들었다. 두 시가 되자 어쩔 수 없이 112에 신고했다. 경찰차는 5분도 채 되지 않아 왔다. 인적사항과 상황을 설명하고 수배가 시작되었다.

'아침 출근할 때 배웅한 게 마지막이라면'이라는 잔망스러운 생각이 떠나지 않았다. 내 심장의 절반을 떼내더라도 아들만 살아 있다면 기꺼이 받아들일 것 같았다. 그렇게 다시 한 시간이 흘렀다. 숨이 그대로 멎을 것만 같았다. 내가 그 아이에게 얼마나 최선을 다했을까 싶은 생각이 들었다. 적어도 내가 살아 있는 동안은 그 녀석이 내게 있을 것이라고 당연하게 생각

○
○

했던 게 얼마나 무망한 소망일 수 있는지 실감했다. 다행히 아들은 택시비를 아끼기 위해 버스를 탔는데, 그대로 졸아 종점까지 갔고, 거기에서도 한참을 잠들어 있었다며 무사히 돌아왔다. 피곤에 찌든 아들은 제 방에 들어가 금세 잠이 들었지만 나는 거실에서 앉아 그대로 밤을 샜다.

'우리에게 내일은 보장된 게 아니다'라는 말이 가슴에 박혔다. 그 말을 들었을 때는 너무 비장하다고, 너무 비관적이라고 속으로 섭섭했는데, 그제야 그 말의 의미를 실감했다. 생명은, 삶은 결코 어느 것도 보장된 게 없다.

그렇다. 어느 누구에게도 보장된 생명은 없다. 내일은 다시 보지 못할 수 있다. 그걸 불안해하고 서러워할 게 아니라 지금 마치 유일한 것처럼, 마지막처럼 대하면 어느 하나 대충 대할수 없다. 사랑은 그런 것이다. 그렇게 처절하고 철저하다. 그걸 이제야 깨닫는다.

장소가 아닌 어느 '공간'이 되는 것은
거기에 담긴 인연의 몫이다.

;

어머니는 어디를 가건 감탄과 감사의 표현에 박하지 않으셨다. 그냥 '좋구나' 하며 넘기시거나 스쳐 지나지 않으셨다. 수줍은 꽃 여린 나뭇잎 하나에도 감탄과 애정을 듬뿍 담아 표현하셨다. 우리 형제들은 그런 어머니를 소녀 같다고 여겼다. 그런데 막상 함께 다녔던 곳이 그리 많지 않았다는 걸 당신이 세상을 떠나신 뒤에야 알았다. 엄마는 이미 많이 다녔어. 그러니 일부러 올 것 없다는 그 말 '당연히' 여기지 말고 더 많은 곳 모시고 다녔어야 하는데, 이기적인 나는 내 인사치례는 했다고 생각하며 그 말을 액면 그대로 받아들였다. 참 모자란 아들이었다.

이제는 '자연농원(그때는 그런 이름이었다)'에 갈 일이 거의 없다. 언젠가 거기에 있는 미술관에 갈 일이 있었다. 갑자기 어머니 생각이 났다. 아이들과 훨씬 많이 다녔던 곳인데 왜 '엄마'가 떠올랐을까. 당신은 평생에 그렇게 많은 장미가 있다는 걸, 그렇게 아름다운 꽃이라는 걸 상상도 하지 못했다고 즐거워하

○
○

섰다. 워낙 식물에 대한 관심과 애정이 많았던 아버지 때문에 우리 집 뜰에는 늘 온갖 꽃이 만발했었다. 어머니가 그렇게 꽃에 대한 애정이 많고 깊은 줄 그때까지만 해도 몰랐다. 그냥 아버지가 좋아하셨기 때문에 심었던 거라 여겼다. 사실 어머니와 자연농원에 간 건 그 딱 한 번이 전부였다. 그런데 차를 타고 고속도로 가다가 거기 표지판만 봐도 어머니가 떠오른다. 그곳은 여전히 놀이동산이지만, 내겐 어머니가 가장 행복해 하시던 특별한 '공간'이다.

살면서 많은 곳에 다닌다. 그곳이 그저 하나의 장소가 아니라 '공간'이 되는 곳은 많지 않다. 효모가 있어야 빚어지는 깊은 술 맛처럼, 공간은 거기 담긴 인연이라는 효모가 빚어낸다.

이제 그런 곳이 더 많아질까 아니면 줄어들까. 그런 인연부터 빚어낼 일이다.

**최대한 끝까지 사람을 포기하지 않아야 한다.
사람만 지켜내도 삶은 그것으로 충분하다.**

;

양은냄비처럼 조바심 내지 않고 조금만 진득하면 회복할 수 있는 사람이면 된다. 살다 보면 나도 남도 상처 주고받는다. 상처는 물론 아프지만 감당할 수 있는 정도라면 호들갑 떨기보다는 묵묵히 기다려줄 수도 있어야 한다. 그 지탱력만 키우고 유지하면 된다. 우리는 그렇게 서로를 지탱하고 희망을 지니며 산다. 내일이면 밤새 먼 길 돌아온 태양이 다시 아침을 밝히는 것처럼 우리는 늘 달궜다 식었다 하면서 살아간다. 그러니 조금만 진득하면 사람을 포기하지 않을 수 있다.

샬롯 브론테의 《제인 에어》는 그런 점을 깨닫게 하는 소설이다. 어려서 부모를 잃고 외삼촌댁에 맡겨지지만 외삼촌마저 일찍 세상을 떠난 뒤 외숙모와 사촌들의 학대와 구박을 받은 제인 에어. 우여곡절 끝에 가정교사로 일하던 저택의 주인 로체스터와 사랑에 빠졌지만 그에게 정신병을 앓는 아내 버사가 있다는 걸 알고 절망에 빠진 채 떠난다. 추위와 굶주림에 시달

○
○

린 그녀는 마쉬엔드 저택의 리버스 가문의 사람들의 보살핌을 받게 되고 삼촌이 2만 파운드의 유산을 상속했다는 것과 리버스 가문이 자신의 사촌임을 알게 된다. 세인트 존 리버스가 인도로 떠나면서 청혼했지만 로체스터의 환청을 듣고 그를 찾아 손필드로 갔다. 그리고 버사가 불을 질러 죽었고 로체스터는 그녀를 구하려 불에 뛰어들었다가 한쪽 손과 두 눈을 잃었다는 걸 알았다. 펀딘 영지에 살고 있다는 소식을 들은 제인은 로체스터와 만나 다시 사랑을 확인하고 결혼한다. 이후 로체스터는 한쪽 눈의 시력이 회복되고, 두 사람 사이에는 아들도 태어나 행복한 가정을 이룬다.

소설이니까 그렇다고 간단히 치부할 게 아니다. 사람을 잃지 않는 것, 사람을 포기하지 않는 것, 그것이 사랑이다.

더 아름다운 사람의 관계, 관계의 사람도 있다. 우선(藕船) 이상적(李尙迪, 1804~1865)은 제주에 유배 간, 끈 떨어진 추사

김정희에게 변함없이 존경과 지원을 아끼지 않았다. 경제적 부담뿐 아니라 당시 추사를 미워하던 권력자의 눈에 거슬릴 것도 두려워하지 않고 최선을 다했다. 참 미련한 사람이었다. 그 사람됨에 감동한 추사가 〈세한도〉를 그에게 보낸 것은 그 애정의 깊이에 대한 감사였다.

셈이 앞서 사람을 잃는 것보다 안타까운 건 없다. 때로는 내 삶의 가치가 그런 사람의 존재 유무에 따라 결정되기도 한다.

진짜 관심은 보는(觀) 것이 아니라 듣는(聽) 것이다.
보는 건 거리를 두는 것이지만 듣는 건 다가가는 것이다.
그래야 비로소 마음(心)이 소통한다.

;

관심이 있다는 건 마음에 있다는 뜻이다. 사랑하고 애틋한 마음이건 꺼리고 감시하는 마음이건, 마음이 없으면 관심 자체가 없다. 관심은 시간을 요구한다. 한순간에 끌리는 것도 있지만 마음에서 자라고 피어난다. 그래서 상대를 오래 바라보고 꼼꼼하게 살핀다. 관찰이건 감시건 그의 언행과 관계 등을 주의 깊게 본다. '바라보는 것'은 상대에게 내 존재를 드러내지 않은 경우도 많다. 그건 겸손이 아니라 위장이거나 은폐다. 나를 드러내지 않고 상대는 예의주시하는 건 공정하지 않을 수 있다.

듣기 위해서는 최소한 가청의 범위 안에 들어가야 한다. 보는 건 멀리서도 가능하지만 듣는 건 가까이 다가가야 가능하다. 감청하듯 주변에서 상대 눈치 채지 못하게 듣는 건 감시다. 상대의 눈을 바라보며 듣는 건 이미 그 자체가 대화다. 나와 상대의 존재가 상호 간에 인식되는 관계다. 듣는 건 나의 모든 집중력을 상대에게 쏟는 것이다. 어투와 어조 등을 통해 심리 상태까지 전달되기 때문에 이해나 반응이 즉각적이다.

불교에서 말하는 관심은 '자기 마음의 본성을 살펴 관조하는 일'을 뜻한다. 그런 점에서 관심의 일차적 대상은 나의 내면이다. 내면의 자아의 목소리에 귀 기울이는 것이다. 우리의 의식은 언제나 무엇인가에 대한 의식이다. 따라서 관심은 의식의 본질, 즉 그 지향성을 나타낸다. M. 하이데거에 따르면 인간은 '세계-내(內)-존재'로서 환경 세계에 대해서는 늘 배려하고(besorgen), 타인에 대해서는 항상 신경을 쓰며(fürsorgen), 자기 자신에 대해서는 마음을 쓰며(sorgen) 사는 존재다.

이 세 가지 의미를 나타나는 세 낱말의 뿌리는 'Sorge'다. 그 낱말은 바로 '관심'이다. 관심은 기본적으로 세 가지 관계를 갖는다. 배려, 신경, 내면 성찰 등은 보는 것이라기보다 듣는 것에 가깝다. 그러니 누군가에게 관심을 갖는다면 거리를 두고 관찰

○
○

하기보다 다가가 그의 소리를 듣는 게 더 낫다. 들으면서 공감
도 되고 위로도 하며 다독이고 사랑한다. 엉덩이 뒤로 빼거나
뒷걸음질 치는 게 아니다.

여기에 심장이 있다는 걸 모르고 살았다.

;

묏버들 가려 꺾어 보내노라 님에게

자시는 창밖에 심어두고 보소서

밤비에 새잎 나거든 나인가 여기소서

함경도 경성의 기녀 홍랑이 떠나간 정인 고죽 최경창에게
보낸 시조다. 최경창은 학자요, 조선 팔대 문장가며, 뛰어난 시
인이었다. 신분의 차이를 뛰어넘은 지극하고 지순한 로맨스의
두 주인공. 최경창이 한양으로 떠나자 관할 지역을 벗어날 수
없는 까닭에 홀로 남겨진 홍랑의 그리움이 절절이 담겼다. 이
후 누구에게도 곁을 내주지 않은 홍랑이 겪어야 했던 일은 녹
록지 않았을 것이다. 몸이 약한 최경창이 병석에 누워 신음하
고 있다는 말을 듣자 한양으로 달려가 병 수발을 들었다. 그 덕
에 건강에서 회복했는데 홍랑을 첩으로 삼았다는 소문이 퍼졌
다. 그녀는 '양계의 금(함경도와 평안도 사람들의 한양 출입을 금지

○
○

하는 제도)'을 어겼다. 고죽은 당시 명종의 왕비인 인순왕후 국상 중에 첩을 삼는 죄를 범한 게 되어 파직되고 홍랑은 다시 경성을 돌아가야 했다. 파직 후 종 3품 종성부사로 임명되지만 동인들의 끝없는 모함으로 강등되어 돌아오다 경성 객관에서 45세의 나이로 객사했다.

고죽이 죽자 홍랑은 스스로 얼굴을 상하게 하고 3년 동안 최경창의 묘에서 시묘살이를 했다. 후에도 그 곁을 떠나지 못하고 몇 년을 더 시묘살이 하던 중 임진왜란으로 고죽의 시를 들고 7년간 떠돌아다니다가 어렵사리 해주 최씨 문중에 최경창의 유품을 전한 뒤 파주 선산 최경창의 묘소 옆에서 자결했다. 문중에서는 그녀의 지극한 사랑과 헌신에 감동해서 고죽의 무덤 아래 그녀를 묻어줬다.

무릇 사랑은 아름답지만 아프고 아련하다. '심장이 어디 있는지 모르고 살았다'는 탄식은 농밀하고 지극한 사랑을 표현하

○
　○

는 압권이다. 누구나 그런 사랑했거나 하고 산다. 사랑의 유효
기간이 36개월이라는 말이 통속이 된 세상이다. 어쩌면 그게
정설일지도 모른다.

　사랑이 누군가를 향한 일시적 격정만을 의미하는 건 아니다.
그 느낌을 간직하고 살면, 잃지 않고 잊지 않으며 살면 사라지
는 게 아니다. 그런 느낌과 생각에 충실하는 것, 그것이 사랑의
영원성이다. 나이 든다고 사라지는 건 육체적 열정이지 본질이
사라지는 게 아니다. 우리의 심장은 언제나 뛰고 있지 않은가.

눈에는 잠시 머물지만
가슴에는 오래 머무는 곳이 있다.

·
,

책을 읽다 좋은 글귀를 만나거나 늘 듣던 음악이라도 갑자기 새로운 느낌이나 생각으로 다가올 때가 있다. 그럴 때면 가방에서 엽서를 꺼내 그 글을 옮겨 담거나 생각을 짧게 써서 떠오르는 사람이 있으면 그에게 보낸다. 길을 걷다가 어떤 모습에 밟혀서 혹은 삶의 평범한 풍경 속에서 작은 깨달음을 느낄 때 엽서를 꺼낸다. 한참을 걷다 만나 빨간 우체통에 넣으며 안부를 전한다. 그런 길은 누군가를 떠올리게 하는 웅숭깊은 길이다. 마음을 얻는 길이다.

명승지나 고적지가 먼저 눈에 들어오는 건 누구에게나 비슷할 것이다. 내가 굳이 의미를 부여할 것도 없이 이미 그 자체로 이야기와 뜻을 담고 있는 곳이다.

제주도에 가면 이상하게도 대부분 사람들이 관심조차 없는 곳이 끌릴 때가 있는데 그 가운데 하나가 바로 구좌의 어등개와 KB은행 제주지점 앞이다. 어등개는 광해군이 제주 유배 와서 첫 발을 내디뎠던 곳이다. 그 바닷가에 서면 제주에 왔음을 비로소 알게 된(휘장을 둘러 어디로 가는지 몰랐다) '쫓겨난 임금'의 심정이 헤아려진다. 그 은행 지점은 '광해군 적소 터'다. 근처에 빨간 우체통을 보면서 모든 연락마저 단절된 채 그가 새겼던 회한을 짚어보게 된다. 그리고 누군가에게 엽서를 보낼 수 있다는 안도감을 확인하면서 감사했다. 최고의 자리에서 한순간에 밑바닥에 처박힌 상태에서 한 인간이 느꼈을 감정을 새겨본다.

평범한 곳인데도 설레는 장소가 있다. 사연이 담기거나 사건이 깃든 곳일 때 그렇다. 함께 갔던 사람 때문에 그런 곳도 있다. 하지만 그런 사연 전혀 없는데도, 잠시 지나쳐 눈에는 잠시 머물렀을 뿐인데도 오래 가슴에 머무는 곳이 있다. 내가 어떤 특별한 생각을 했던 곳이기에 그럴 수 있다. 부처님의 해탈이 있던 보리수나무 아래처럼.

**시 한 편 읽은 날은 삶의 밀도가 다르다.
농밀한 삶, 별거 아니다.**

;

목숨보다 앞선 밥은 먹지 않으리
펄펄 살아오지 않는 밥도 먹지 않으리
생명이 없는 밥은 개나 주어라
밥을 분명히 보지 못하면
목숨도 분명히 보지 못한다.

백무산의 〈노동의 밥〉을 읽으면 내가 왜 일을 하고 돈을 벌어야 하는지, 어떻게 살아야 하는지, 연대란 무엇인지 생각하지 않을 수 없다. 이 시를 읽고 출근해서 만나는 동료를 어떻게 바라볼까. 어제의 그와는 다를 것이다. 그저 그런 하루가 아니다. 어제의 밀도와 다른 하루다. 그러니 나는 시인에게 그런 하루의 빚을 졌고 그는 내게 그런 하루를 선물한 것이다. 시 전문을 읽더라도 고작 1분도 채 되지 않지만 그 파장은 하루 종일 갈 수도 있다. 시를 읽지 않을 수 없다.

두 사람의 생

그 사이에 피어난

벚꽃이어라

거의 스무 해 만에 만난 벗 도호. 그도 타지에 있었다. 마쓰오 바쇼도 고향을 떠나 있었다. 그러다 바쇼가 고향에 들렀다는 소식을 들은 도호는 바쇼를 만나기 위해 젖 먹던 힘을 다해 달려갔다. 그러나 바쇼는 이미 고향을 떠난 뒤였다. 도호는 다시 바쇼가 떠난 방향으로 뒤쫓아 갔다. 활짝 핀 벚나무 아래에서 만난 두 친구. 소년이 어른이 되어 만난 두 사람. 어찌 긴 말이 없을까만 바쇼는 딱 17자의 하이쿠로 모든 걸 담았다.

이 시를 읽고 만나는 친구는 엊그제 만난 그와 다를 것이다. 그가 변한 게 아니라 내가 변해서. 내 삶의 밀도가 더 농밀해져서. 그 사람을 누구로 치환해도 마찬가지다. 사랑하는 사람이

○
○

라면 더더욱 절실할 것이다. 할 말이 필요 없을 것이다. 꽃 한 송이면 충분한. 모든 관계에 대한 생각이 웅숭깊어진다. 짧은 시 한 편 덕택에.

시 한 편 읽은 날은 삶의 밀도가 달라진다. 엄청난 일이 아닐 수 없다.

죽음은 누구에게나 공평하다.
그러나 모든 죽음의 가치가 동등한 것은 아니다.

;

　서구 언론에서 흥미로우면서도 중요한 의미를 갖는 지면 가운데 하나는 부고 기사다. 단순히 언제 누가 죽었다는 내용이 아니라 그의 삶을 새삼 조명하면서 한 사람의 삶이 지녔던 궤적과 의미를 독자가 상기할 수 있게 한다. 그러면서 삶의 의미에 대해 성찰하게 한다.

　한국일보 선임기자 최윤필은 외신 부고를 일삼아 읽고 끌리는 이들을 골라 소개하는 지면을 2년 남짓 맡아오면서 그걸 모아 《가만한 당신》이라는 책으로 엮었다. 그가 소개하는 죽음의 주인공들은 낯익지 않다. 그의 말을 옮기면 "떠난 자리에 잔물결도 일지 않을 것 같은 이들을 편파적으로" 주목했기 때문이다. 전쟁 속에서 인간의 존엄을 끌어안은 콩고의 마마 레베카 마시카 카추바나 장애의 편견과 고통 앞에서 춤춘 작은 거인 스텔라 영, 죽음을 이해하는 것으로 예방할 수 있다는 자살 연구가 노먼 파버로, 동성혼 법제화를 위해 싸운 니키 콰스니 등을 아는 이들은 별로 없다. 그러나 최 기자는 오히려 그들의 삶의 밀도가 흔히 말하는 세속적 의미의 유명인의 그것보다 훨씬더 촘촘하다는 점을 새삼 확인시켜준다.

"나는 이 세상에 잘 살려고 왔지, 오래 살려고 온 게 아니야"라는 책머리의 말은 많은 울림을 준다. 누구나 오래 살고 싶어한다. 죽음이 두렵다. 하지만 오래 산다고 능사가 아니다. 어떻게 사느냐는 것도 타자의 눈으로 결정할 것이 아니다. 그래도 죽음을 인식한다면 왜 그리고 어떻게 살아야 하는지를 짚어볼수 있다. 죽음은 그런 점에서 삶의 거울이다.

1939년에 태어나 2015년에 사망한 로절린 벅샌덜은 관습에 맞선 사회주의 페미니스트로 젠더 혁명을 이끌었던 인물이다. 사회주의자 부모 밑에서 이념과 실천이 일치하는 삶을 배우고 실천한 로절린은 평생 연구와 행동을 멈추지 않았다. 그녀는 여성과 계급의 혁명적 건강성을 믿고 미래를 낙관한 힘찬 사회주의자였다. 그녀에 대한 부고 기사는 그것을 압축적으로 보여준다. 〈가디언〉 부고에서 "벅샌덜은 어디를 가든 선동하고 조직했다. 또 어디서든 환영받고 사랑받았다. (…) 그녀는 자신의 모든 열정과 에너지를 사람을 이해하고, 서로를 이어주고 또 가르치고 돕고 아이디어를 나누는 데 쏟았다"고 썼다. 시카고의 비영리 좌파 정치시사 전문 출판사인 헤이마켓북스는 추모의 관용구 'R.I.P(Rest In Peace)' 대신 'R.I.P(Rest In Power)'라는 멋진 표현으로 그녀의 삶과 죽음을 함께 기렸다.

한 사람의 삶은 그의 죽음으로 평가된다. 한 사람의 죽음은 그가 살아온 삶으로 평가된다. 나는 어떤 죽음을 기대하는가. 죽음을 두려워할 게 아니라 죽은 뒤에도 아쉬움과 고마움을 느끼지 못하는 삶을 사는 걸 두려워해야 한다.

제3부

기계의 시간에서 자연의 시간으로

: 삶의 무늬를 새기는 은밀한 곳

1

쉼, 영혼을 달래는 방법에 대하여

공원의 야행(夜行)만으로도 하루의 마감은 달콤하다.
골목길 모퉁이에서 불어오는 꽃내음.
그런 하루면 축복이다.

;

　달빛 교교한 밤, 호젓하게 나서는 길 그 짜릿한 황홀을 누릴
수 있다는 것만으로도 충분히 행복하다. 밤길은 메말랐던 정서
를 회복하고 성마르게 살았던 낮의 일상을 위로하기에 충분하
다. 골목길 모퉁이에서 불어오는 꽃내음은 최고의 덤이다. 그
런 하루면 축복이다.

　밤은 어둠과 침묵이지만 작은 불빛도 또렷하게 보이고 미미
한 소리도 감지할 수 있어서 가장 밝고 가장 시끄럽다. 그 밝음
은 노출이 아니라 적당히 숨기고 감싸는 것이며 시끄러움은 소
음이 아니라 낮에 듣지 못했던 미세한 소리를 만날 수 있는 뜻
밖의 즐거움이다. 야행은 방황의 길이 아니라 순례의 길이다.
하루를 마감하는 순례.

　밤은 따뜻하다. 햇살이 거둬지고 그 온기는 사위었지만 밤은
자신만의 온기를 지니고 만물을 감싼다. 그 온기는 휴식과 위
로다. 밤은 차갑다. 그 냉기는 낮의 분주함 속에서 잃어버린 이

○
○

성과 지성을 깨우는 노크다. 그렇게 밤은 온기와 냉기를 동시에 품고 있다.

달빛은 내가 길을 읽어낼 만큼의 밝기만 내려주고 다른 것들은 적당히 눈감아주는 아량을 일깨운다. 쓸데없는 것까지 모두 바라보면서 정작 집중해야 할 것에는 몰입하지 못하는 낮의 밝기와 다른 배려다. 그런데도 우리는 낮의 밝기에서 봐야 할 것은 사소한 것과 섞어 보는 까닭에 놓치고, 밤의 밝기에서는 낮처럼 만물을 보지 못한다고 투정한다. 분주한 낮의 길에서는 굉음이 다른 모든 조용한 소리를 눌러버려 꼼꼼하게 집중해서 듣지 않으면 잡아내지 못하는 소리가 얼마나 많은가. 그러나 밤의 고요는 모든 고유의 소리를 섬세하게 들을 수 있다. 그 소리에 나의 내면에 잠겨 있던 소리도 두레박으로 길어낸다.

가끔은 그런 야행을 누리면 좋다.

미술은 공간을 채우고 음악은 시간을 채운다.
음악은 흔적을 남기지 않지만
가슴은 그것으로 인해 약동한다.

.
,

베토벤의 동시대인이라고 그의 음악을 들었을까? 지금 나는 그걸 듣는다. 그것만으로도 충분히 행복하다. 음악을 듣지 못하고 산다면 질식할 것 같다. 음악은 인간이 빚어낸 최고의 창조물이다. 단순히 감정의 순화에 그치지 않는다. 이제마는 귀로 천시를 듣는다(耳聽天時)고 했다. 천시를 듣는 것보다 더 아름다운 것이 음악을 듣는 것이다. 아인슈타인은 바이올린을 연주하면서 혹은 음악을 들으면서 상대성이론의 영감을 얻었다고 한다. 찰스 다윈에게도 음악은 삶의 젖줄과 같았다. 예부터 음악은 우주 · 대자연 · 신(神)과 소통하는 수단이었고 인간과 인간이 소통하는 통로였다.

일찍이 공자는 《논어》 〈태백 편〉에서 '시를 통해 일어나고 예를 통해 바로 서며 음악을 통해 이룬다(興於詩 立於禮 成於樂)'고 가르쳤다. 음악은 인간의 심성을 완성한다. 우리는 그 음악을 마음껏 누린다. 이 얼마나 대단한 특권이자 특혜인가. 그

○
○

러니 괴롭거나 힘들 때 바흐와 쇼스타코비치의 음악을 들을 수 있다는 것만으로도 행복하다고 위로한다. 음악을 들을 때마다 현대인으로 태어난 게 다행이라는 생각을 지울 수 없다. 하루를 마감하면서 조용히 음악을 듣는다는 사실만으로도 충분히 행복하다, 우리는. 그것만으로도 충분하다.

충전은 돌아다니며 구경하는 데서 오는 게 아니라
자신을 위안하고 격려할 수 있는 소도(蘇塗)에서 온다.

;

미지의 공간은 아니지만 가보지 않은 곳 가운데 마음을 잡아끄는 곳이 있다. 정작 왜 거기가 마음을 이끄는지 확실한 근거도 없거나 아주 사소하고 소소한 이유로 마음이 끌리는 곳도 있다. 이상하게 그곳을 떠올리면 언제든 나 혼자 숨어서 온전하게 위로받고 충전할 수 있을 것만 같은 그런 곳이 있다. 그런 공간을 마련할 필요가 있다. 당장 마련할 수 없으면 마음에 품는 것도 좋다.

언젠가 꼭 가보고 싶은 곳이 있다. 그러나 어쩌면 절대 가지 않을지 모른다. 설령 그 기회가 있어도 남겨두고 싶어 끝내 머뭇거릴. 내게 그곳은 바로 이니스프리다. 윌리엄 버틀러 예이츠의 〈이니스프리의 호도〉라는 제목의 시. '호도'는 호수의 섬'이란 뜻이다. 이니스프리는 아일랜드 슬리고에 있는 호수로 거기에 있는 작은 섬을 예이츠가 시의 소재와 제목으로 쓰면서 일종의 문학적 성지 혹은 은유적 공간이 되었다.

　　　　　　　　　○

　　　　　　　　○

나 일어나 이제 가리, 이니스프리로

거기 흙과 가지로 작은 오두막을 지으려네.

아홉 이랑 콩밭을 가꾸고, 꿀벌 치게 벌통을 놓고

벌들이 붕붕거리는 숲속 작은 빈터에서 나 홀로 살려 하네.

　시의 첫 연만 읽어도 설렌다. 예이츠는 거기에서 일어나는 모든 소리를 '난 마음속 깊은 곳에서 그 소리를 듣네'라고 노래했다. 그리고 나는 예이츠를 통해 그 소리를 듣는다. 아마도 어쩌면 아일랜드를 가게 되어도 일부러 이니스프리로 가는 걸 의도적으로 피할지 모른다. 그럴 것 같다. 나의 영원한 '소도'로 남기기 위해서는 그래야 할 것 같아서. 하지만 가지 않아도 거기는 내 영원하고 거룩한 소도이다.

　소로의 《월든》을 읽은 사람들은 누구나 거기에 가보고 싶어 한다. 이니스프리는 거기에는 미치지 못하지만 어쩌면 그

○
○

래서 더 '비밀스럽게' 품은 공간일지 모른다. 어쩌면 막상 가서 보면 실망할지 모른다. 그곳이 실재하건 상상의 장소건 그런 공간을 품고 있다는 것만으로도 이미 족하다. 자신만의 소도(蘇塗)가 될 소도(小島)를 간직하는 것만으로도 좋은 일이다. 내게도 그런 이니스프리가 있다.

산책은 몸의 사유고,
사유는 머리의 산책이다.

;

《걷기 예찬》에서 다비드 르 브르통은 말했다. "걸어서 여행
하는 사람은 누구에게 무엇을 보고해야 할 의무 같은 것은 없
는 자유인이다. 그야말로 기회와 가능성의 인간이요 흘러가는
시간의 예술. 길을 따라가며 수많은 발견을 축적하는 변화무쌍
한 상황의 나그네다." 걷는 사람은 그 자체로 사상가다.

친구가 내준 제주 중문의 집을 나서면 곧바로 작은 오름이
있다. 이른 아침 베릿내오름으로 천천히 걷는다. 하루의 화두
를 잡는다. 그 화두의 가지와 잎은 아직 꺼내지 못했다. 그저
줄기 하나 잡는다. 숲의 나무 하나가 내게 말 건다. 자연스럽게
생각이 정돈된다.

아널드 홀테인은 《어느 인문학자의 걷기 예찬》에서 "내가 아
는 한 가장 효력 있는 안정제는 '자연과의 내밀한 교제'다. 나
무는 건강에 이로운 공기를 내뿜는다. 들판은 휴양지로 이끈
다. 고요하고 안정감을 주는 약효가 벽도 없고 천장도 없는 땅

○
○

위로 퍼져나간다. 그 땅 위에 구겨지고 비틀어진 영혼이 기거할 방이 있다"고 말했다. 자연 속에서 걷다 보면 생각은 부드러워지고 나쁜 관념은 훨훨 날아간다.

반대편 광명사 가는 길로 천천히 내려간다. 확실히 걸으면서 내려가는 길은 달콤하다. 저절로 문장 하나가 만들어질 것만 같다. 작가 겸 번역가인 배수아는 로베르트 발저의 《산책자》를 번역하면서 "그의 산책이 곧 그의 글이 되었다. 걷기는 그의 스타일을 구축한 육체였다. 걷기를 통해서 '그는 어디서나 살았고, 그 어디에서도 살지 않았다.' 그는 자신의 글 안에서 '하나의 내면이 되었고, 그렇게 내면을 산책했다'"고 후기에서 서술했다. 나의 산책이 나의 글이 되려면 아직 더 내공을 쌓아야겠지만 그래도 실마리는 품고 있음을 안다.

산책은 몸으로 세상을 읽는 행위다. 그것은 저절로 사유로 이어진다. 무념무상하게 걸어도 어느 틈에 내 몸이 사유하고

○
○

있음을 느낀다. 걸음의 속도는 자연스럽게 사유의 리듬과 보조
를 맞춘다. 산책과 사유와 머리는 그렇게 밀접하게 연결된다.
그 밀접한 연결이 짧은 시간을 생산적인 시간으로 변화시킨다.
걷는 것은 세상과 나를, 그리고 삶을 사유하는 일이다.

쉼은 온몸으로 나를 느낄 수 있는,
가볍지만 두툼한 선물이다.

;

해미에 작업실을 마련하고 4년쯤 머물렀다. 아무런 방해 없이 오로지 책 읽고 사색하고 글 쓰는 데만 집중할 수 있었던 생산적이고 행복한 시기였다. 좁은 원룸에서 체력적으로 힘들었지만, 뇌는 총총히 움직이던 시기였다.

그 시기에도 글을 쓰다 막히는 일은 허다했다. 그럴 때 억지로 그 글을 풀어내려는 건 차라리 하지 않느니보다 못하다는 걸 알았다. 그런 글을 나중에 읽으면 부끄럽고 화가 났다. 한 줄의 문장에 막혀 하루의 절반 내내 아무것도 쓰지 못하는 일도 많았다. 그럴 때면 무조건 일단 집 밖으로 나갔다. 천천히 그리고 조용히 걸으며 풀어내지 못한 한 문장에만 집중했다. 억지로 윽박지르거나 쥐어짤 생각은 없었다. 영감이 떠오르지 않으면 어쩔 수 없고. 그저 운동은 한 셈이니 그리 나쁠 것도 없었다. 천천히 걷는 것도 하나의 쉼이다.

'쉬는 시간'은 비생산적이라고 여기는 경향이 여전하다. 일하는 모습에서만 성취감을 느낀다고 생각한다. 이제는 그렇지 않다는 걸 안다. 일만 하면 반복적 습관만 커진다. 일부러라도 쉬는 시간을 짬짬이 가져야 한다. 그래야 내가 무엇을 하는지, 왜 하는지, 어떻게 해야 할지 생각할 수 있다. 우리는 너무 '쉼'을 가볍게 여겼다. 심지어 죄책감을 느끼게 만드는 세상을 살아왔다. 그래서 휴식조차 전투적으로 '해치우는' 일이 허다했다. 하지만 쉼은 막혔던 혈을 뚫는 것처럼 중요하고 긴밀하다. 내 삶의 밀도를 채우는 건 일만으로 이루어지는 게 아니다.

쉼은 나를 느끼는 시간이어야 한다. 그게 빠지면 그냥 지친 몸을 쉬게 하고, 다시 충전한 에너지로 일상을 달리게 하는 열량 보충에 불과하다. 그런 쉼도 물론 중요하다. 그러나 나를 느끼면 저절로 존재 의미에 대해 혹은 자아실현에 대해 한 토막이라도 생각하게 된다. 그런 쉼이야말로 소중한 선물이다. 그런 쉼을 마련하면서 누려야 한다, 삶은. 이제는 그런 시간이다.

넘어진 김에 쉬어가는 법을 배운다.
그래야 오래 멀리 갈 수 있다.

;

한림에서 저지마을까지 이어진 제주 올레 14코스를 걷다가 잠깐 한눈을 팔았는데 방심한 사이에 발목을 살짝 접질렸다. 심하지는 않아서 조금 걷다 보면 곧 나아질 것 같았다. 근처에 편안해 보이는 카페라도 눈에 띄면 들어가서 달콤한 라테 한 잔 하고 싶었지만 아무리 둘러봐도 카페는커녕 벤치도 보이지 않았다. 어찌할까 고민하다 근처 나무 그늘 아래에 손수건을 깔고 앉았다. 신발을 벗고 양말까지 벗은 채 비싼(?) (돈 주고 사서 입으로 마시는 걸 발에 뿌린 건 처음이다) 생수를 살짝 끼얹고 다리를 길게 뻗어 나무에 기댔다.

바람이 살금살금 다가와 발의 물기를 훑으며 흘렀다. 그렇게 느끼는 바람은 지금까지 만난 바람과는 전혀 달랐다. 그 순간 나의 모든 감각은 발로 향했다. 걸으면서 발을 생각해본 적도 없고 바람도 그저 눈에 보이지 않는 공간적 배경쯤으로만 여겼다. 그런데 뜻하지 않게 주저앉아 있으니 방금 전까지 느끼지

○
　○

못했던 새로운 감각과 감정이 포르르 살아났다.

언제 그런 느낌을 경험한 적 있을까. 아무리 짚어봐도 내 발이 그렇게 행복한 때는 별로 없었다. 발이 느낀 행복은 곧바로 온몸으로 전해졌고 생각까지 상쾌해졌다. 처음 발을 접질렸을 때는 오늘 가야 할 길에 대한 시간이 촉박한데 별 게 다 속 썩인다 여겨 짜증났는데 오히려 그 덕에 이 행복을 누린 셈이다. 코스가 정해졌을 뿐 목적지까지 가야 할 의무가 있는 것도 아니지 않는가. 나 혼자 정하고 나 혼자 거기 매달렸을 뿐이다. 살짝 몸에 탈이 나니 그건 쉽게 놓았다. 그 대신 뜻밖의 선물을 누렸다.

넘어진 김에 쉬고 가는 건 일부러 작정했다면 누리지 못할 유쾌한 일탈을 누릴 기회다. 앞으로는 좀 그러고 살아야겠다. 뭐 그리 급할 것도 없는데.

잠시 멈춰 뒤를 돌아보는 건
남은 길에서 생각을 깨우고 곧추세우기 위함이다.

;

인디언은 말을 달리다 가끔씩 말에서 내려 달려온 길을 돌아본다고 한다. 너무 빨리 달려왔기에 따라오지 못한 영혼이 다가올 때까지 잠시 기다린다는 것이다. 느린 영혼에 대한 배려에서 비롯된 행동이다. 삶의 속도가 너무 빠르면 영혼의 속도가 미처 따라오지 못한다.

돌아보면 30대의 삶은 치열했다. 한 시간이라도 아껴 조금이라도 더 나아가야 살 수 있을 것 같았다. 더 많은 지식, 더 넓은 집, 더 큰 배기량의 차 등 원하는 것을 얻기 위해서는 죽어라 내달려야 했다.

어느 순간 돌아보니 삶의 속도는 레이싱카 수준인데 영혼은 저만치 멀리 떨어져 혼자 덩그마니 주저앉아 있는 걸 알았다. 영혼을 챙기지 못하고 살다 보니 격차가 생긴 것이다. 그 격차가 벌어질수록 삶은 피폐해진다. 지식은 평생 배우면 되고, 집은 누울 자리만 마련해도 되며 차는 원하는 곳에 적당한 시간

○
○

으로 가면 되는 것인데 왜 그리 서둘렀을까. 그런 나이였다고 면죄부를 줄 일이 아니다. 의도하지 않았지만 어느 한순간 영혼이 뒤처진 채 홀로 남겨진 걸 알았을 때 나는 도대체 어떤 인간일까 두려웠다. 그 간격을 줄이면서 살아도 뒤처지지 않는다는 걸 40대에 들어서야 깨달았다. 그나마 다행스러운 일이었다.

대견한 것도 있고 아쉬운 것도 있지만 여기까지 온 것만도 대단하다고 여기는 것. 잠깐씩 뒤돌아보면서 간격을 조금이라도 줄일 수 있으면 된다. 앞으로 남은 길을 오래 제대로 가기 위한 조율. 그 조율이 지혜다.

내리막길은 마감의 길이 아니라
숨 고르는 길이다.

;

대관령 옛길을 걸었던 적이 있다. 지금처럼 터널로 지나면 고개를 느낄 수 없다. 얼마 전처럼 '낡은 고속도로'로 넘을 때도 그저 높은 고개라고만 느낄 뿐 그 이상도 이하도 아니었다. 옛 고갯길 오르면서 고개라는 게 어떤 건지 실감했다. 낮은 고개가 아닌 거대한 고개. 영동과 영서를 나눌 만큼 높은 고개는 조금도 만만하지 않았다. 그저 묵묵히 걸어 올라가야 할 뿐. 때로 완만한 숲길도 있지만 숨이 턱밑까지 차는 도도한 언덕길이 이리저리 이어졌다 끊어졌다. 그렇게 올라가야 하는 시기가 있다, 삶에서도.

정상에 다다른 적 없으니 꿈이고 소망이었다. 일단은 거기까지 올라야 '야호' 소리라도 질러볼 수 있다. 쉬엄쉬엄 가면 뒤처질 것이고 해마저 기울면 오도 가도 못하며 '갈 길은 먼데 해는 저무는(日暮途遠)' 신세가 될 것을 안다. 그러니 최대한 쉬는 시간 줄이고 가능한 한 빠르게, 적어도 남들보다 한 발자국이

○
○

라도 앞서 걸어야 한다. 그래야 정상의 기쁨을 조금이라도 크게 그리고 오래 누릴 수 있다고 여기기 때문이다. 우리는 모두 그렇게 살아왔다. 모두가 다 그 정상을 밟아본 것도 아니다.

정상에 올랐건 오르지 못했건 내려가야 하는 시간은 반드시 온다. 정복감이나 성취감을 누리는 시간은 생각보다 짧다. 에베레스트 정상에서 고작 몇 분 이상 머물 수 없는 것처럼. 짧고 강렬한 정상에서의 기쁨은 그야말로 최대한 농축된 기쁨이겠지만 내려가야 할 시간은 어김없이 그리고 곧 온다.

힘겹게 고갯마루에 올랐을 때 비로소 좌우로 능선을 볼 수 있었다. 백두대간(태백산맥) 줄기 흐름의 웅혼함을 느낄 수 있었다. 고개를 넘어 동해안을 바라보면서 내려가는 길이 생각보다 탁 트인 청량감을 주진 않았다. 숲길이 나무 그늘을 드리우며 자꾸만 시야를 가두기 때문이다. 그러나 틈틈이 나타나는 동해 바다의 탁 트인 개방감은 압권이었다. 동쪽에서 올라

○
○

갈 때도 돌아서면 그 바다 보이겠지만 마음이 바빠 제대로 보지 못할 것이다. 천천히 내려가는 길에서 느끼는 건 단순한 보상감만은 아니었다. 그 고갯길 넘어서 보는 바다, 내려가는 길에 바라보는 바다의 느낌은 특별했다.

그 길마저 달리듯 내려갈 수는 없다. 바쁜 걸음의 습관을 털어내야 한다. 최대한 천천히 그리고 꾸준히 내려가면서 누려야 할 특권이다. 그 특권을 누릴 나이가 있다. 중년은 그런 나이다.

2

나이 들수록 되새길 가치에 대하여

,

자존심이 밥 먹여주는 건 아니다.
하지만 자존심은 인간에 대한,
삶에 대한 예의를 지켜주는 힘이기도 하다.

;

'근자감(근거 없는 자신감)'이라는 말을 흔히 쓴다. 자신감을 자존심으로 바꿔도 마찬가지다. 자존심이 너무 세면 불편하다. 쥐뿔도 없는 게 자존심만 세서 실속 없는 경우 우리는 혀를 차고 비난도 마다하지 않는다. 그건 어쩌면 내가 밥에 길들여져서 일찌감치 자존심 따위는 쓰레기통에 처박았다는 걸 상기하기 싫기 때문일지도 모른다.

과도한 자기중심적 태도나 이기심에서 비롯된 자존심은 버려야 한다. 하지만 모든 자존심이 그런 건 아니다. 자신의 삶에 대한 진지한 애정과 존엄성의 믿음이 없다면 나를 버텨낼 수 있을까? 나는, 내 삶은 '내다 파는' 상품이 아니다. 늘 그런 값으로 재단되고 평가되는 관계와 환경이 일상적이다. 그게 '생활'이다. 생존을 위해, 부양의 책임과 의무를 위해 자존심 버리고 살아온 일 허다하다. 속으로 울기도 하고 원망도 하면서 살았다. 금수저 물고 태어난 사람 아니고서야 그런 일 겪지 않고 살 수는 없다. 그렇게 단련되면서 살았다. 그러면서 어물쩍 그 감정조차 흐릿해지더니 아예 흔적조차 사라진 자존심도 많다.

내 기억으로 최초의 자존심의 상처는 대여섯 살 때였을 것 같다. 적산가옥인 건너편 집은 목욕탕집이었는데 마당이 엄청나게 넓었다. 그 집에 사는 친구한테 자주 놀러갔다. 일본식 주택 특유의 다다미방과 긴 복도, 당시에는 이해할 수 없던 '집안의 변소'까지 모든 게 신기했다. 숨바꼭질하기에 좋은 집이었다. 친구 엄마는 참 곱고 착한 분이었다. 언젠가 그 엄마의 친구들이 오셨다. 나가 놀라는 말에 친구들은 당연한 듯 다 나갔다. 그런데 나는 그 자리에서 잔뜩 화난 표정으로 서 있더란다. "너는 왜 안 나가니?"라고 묻자 "우리가 먼저 왔는데 왜 우리가 나가요?" 그러더란다. 어른과 아이의 '서열'을 몰랐을 나이여서 그랬는지 모르지만 자존심이 무척 상했던 모양이다. 친구 엄마는 그런 나를 보고 깔깔 웃었다.

○
○

살아가면서 그런 일쯤은 일도 아니라는 걸 깨닫거나 겪어야 했다. 그렇게 우리는 성장했다. 자존심은 그다지 도움이 되지 않는, 버리면 버릴수록 삶이 편해진다는 걸 배웠다. 그렇지만 그에 비례해서 자존심을 지키고 싶었다. 물론 그 대가는 만만치 않았지만.

이제는 자존심 버리라고 누가 타박하거나 강요하지 않는 나이가 되었다. 오히려 그게 섭섭한 지경이 되었다. 그러나 끝내 지켜야 할 자존심은 여전히 남는다. 내 삶과 일에 대한 신념이 담긴 자존심이 나를 마지막까지 버티게 할 힘이다. 걸핏하면 자존심 버리라는 말 좀 하지 말자. 그렇게 말하는 게 자존심 상하는 일이다. 나이 들어 '멍청하고 무기력한' 자존심 따위를 붙잡고 있지 말고.

동심은 잃는 것이 아니라 잊는 것이다.

;

삶이란 '나였던 그 아이'가 '나인 그 아이'를 거쳐 그 아이와 함께 '나일 그 아이'로 향해 가는 것이다. 삶이란 간 길 고스란히 되돌아오는 게 아니다. 늘 새로운 길로 나서는 것이기에 이전의 발자국을 내디뎠던 내 모습을, 내면을 상기하고 확인하는 게 어렵다. 그걸 기억하고 있는 게 '나였던 그 아이'다. 동심은 단순히 예전의 나, 그때의 시간을 기억하고 그리워하는 게 아니라 그때 내가 바라봤던 미래였던 지금과 대화하는 것이다.

생 텍쥐페리의 《어린 왕자》에서 'petit'나 영어의 'little' 모두 두 가지 이상의 뜻을 갖는다. '어리다'와 '작다'가 그것이다. 작가의 의도는 '어리다'가 아니라 '작다'는 의미였다고 한다. '어린' 시절로는 돌아갈 수 없다. 비가역적이다. 그러니 책을 읽으면서 '그래 나도 그랬어' 하고 위로한다. 그 어린 시절의 생각을 동심이라고 여긴다. 순수하고 맑고 깨끗했던 시절. 그러나 돌아갈 수 없는 시간이니 지금의 나와는 상관없다. '어

○
○

린 왕자'가 아니라 '작은 왕자'다. 지금도 내 안에 '살고 있는'
작은 왕자다. 그게 동심이다. 그러니 잃을 수 없다. 다만 있다는
걸 잊을 뿐이다. 동심은 '나인 나'가 있을 때 가능하다. 잊지 않
아야 잃지 않는다.

초등학교, 중학교, 고등학교 때 '느꼈던' 감정이나 사고가 어
쩌다 지금 가끔 회상되는 게 동심이 아니다. 그건 추억일 뿐이
다. 잊고 있으면 기억하면 되지만 잃고 있으면 되찾기 어렵다.
늘 품고 기억하며 살 수는 없어도 잃지는 말아야 한다. 동심은
잃는 것이 아니라 잊는 것이라는 건 그런 뜻이다.

몸의 자유는 구속될 수 있어도
정신의 자유는 털끝 하나 건드릴 수 없다.
그런 당당함은 오만해도 좋다.

;

누구나 걷고 싶은 삶의 길이 있다. 그러나 우리는 그 권리보다 생계라는 삶의 의무에 먼저 직면한다. 게다가 우리 삶에서 권리는 그저 선언에 그치고 의무는 과도하게 학습해왔다. 집에서도, 학교에서도. 사회에서는 더 말할 것도 없다. 그렇게 사는데 익숙해지면 시간이 없어서, 일이 더 시급해서 잠시라도 그 의무의 문신에서 벗어나지 못한다. 파울로 코엘료는 천사를 통해 하루 단 십오 분만이라도 자신의 길을, 자신의 시간을 갖고 세상과 자신을 돌아보라고 권한다. 시간이 없다는 평계는 사실은 용기가 없는 것을 둘러대는 말이다.

이른바 사상범이 그토록 길고 힘든 질곡을 견디는 건 그가 초인적으로 강인한 육체를 가졌기 때문이 아니다. 독방에 갇혀도 그의 생각은 온 우주로 마음껏 자유롭게 유영한다. 어느 권력도 그 자유를 가두지 못한다. 남들 보기엔 참 무모한 저항이다. 그깟 정신의 자유가 뭐라고 그 견디기 힘든 육체적 고통을

○
○

감수할 까닭이 있느냐고 혀를 찬다. 그러나 가둘 수 없는, 생각의 자유를 지키고 있다는 점 하나만으로도 그는 존경받아 마땅하다.

우리가 몸의 자유를 제한받는 경우는 별로 없다. 다만 생활이라는, 생계라는 감옥에 갇혀 일에 구속되어 산다. 몸은 자유롭지만 정신은 자유롭지 못하다. 그건 '문 밖에 갇혀 있는' 상태인 셈이다. 그러면서 자유롭다고 착각한다. 몸에만, 물질에만 생각이 갇혀 있기 때문이다.

내 정신의 자유는 어느 누구도, 그 어떤 것도 제한할 수 없고 털끝 하나 건드릴 수 없다. 그것만 곧추세우고 살아도 비겁하지 않을 수 있다. 그것만 누리고 살아도 대단한 삶이다.

드러낼 것과 삼킬 것을 구별하고
드러낼 것은 거리낌 없이
마음껏 표현하는 사람이 자유인이다.

;

청바지를 즐겨 입는다. 교복 수준이다. 양복을 입어야 할 때도 꼭 정장을 지켜야 하는 경우가 아니라면 청바지 위에 양복 재킷을 입는 걸로 때운다. 젊게 사는 모습이 보기 좋다고 한다. 백발에 청바지가 부러운 모양이다. 살짝 우쭐하기도 하다. 아들 녀석은 가끔 초를 친다. 그냥 꼰대보다 청바지 꼰대가 더 얄미울 수 있다면서. 꼰대짓 하지 말라는 뜻이겠지만 살짝 삐치는 건 어쩔 수 없다.

나는 서른 이전에는 청바지를 입지 못했다. 입지 '않았다'가 아니라 '못했다'인 건 무슨 금지 법령 때문이 아니다. 아버지는 그 시대에는 드물게 사고가 매우 열린, 진보적인 분이었다. 요즘 시선으로는 당연하게 보일 수 있지만 당시로서는 파격적일 만큼 진보적이었다. 자식에게도 강요하는 법이 없었다. 그런데 세 가지는 엄격히 금했다. 깃 없는 옷을 입고 외출하지 말 것, 길에서 입에 먹을 것 물고 씹지 말 것, 그리고 한 가지는 청바지 입지 말 것이었다. 그렇다고 형들이 청바지 입으면 혼쭐을 내거나 가위로 자르는 따위의 폭력은 없었다. 혀를 끌끌 차실 뿐이었다. 늘 아버지 곁에 붙어 있던 막내였던 나는 그게 꺼려 해야 하는 것으로 자연스럽게 각인되었던 모양이다. 대학 다닐 때도 청바지는 못 입었다. 지금 보면 우습기 짝이 없지만 양복바지(흔히 '기지바지'로 불리던)에 재킷 차림이었고 라운드티는 거의 입어보지 못했다.

서른 넘어 처음 청바지를 입었을 때 얼마나 어색했는지 모른다. 남들이 상스럽게 여기지 않을까 걱정이었다. 하지만 단 며칠 만에 아무도 그렇게 생각하지 않는다는 걸 알았고, 청바지가 편하고 실용적이라는 걸 깨달았다. 아주 오래 실체도 없는 유령에 갇혀 살았다는 걸 알았다. 비로소 내 복식사(服飾史)에서 새로운 역사가 열렸다. 그리고 그 그릇된 영어(囹圄) 생활에 저항이라도 하는 듯 시도 때도 없이 이 나이까지 열심히 청

○
○

바지를 입고 있다.

　나에게 청바지는 자유의 상징이다. 드러낼 것과 삼킬 것 구분만 할 줄 알면 내가 나를 가두고 윽박지를 까닭이 없다. 나는 마음껏 나를 느끼고 누리며 드러내기 위해 지금도 과감한 옷을 고른다. 여전히 주저하기는 하면서.

이미 지난 일이라 관대해지는 게 아니라
겪은 일에 대한 감사와 화해 때문에 관대해지는 것이다.
그걸 구분하지 못하기 때문에 자기 과거에 집착한다.

;

"그때가 좋았지." 흔히 하는 말이다. 〈응답하라 1988〉류의 드라마에 빠지는 것도 그런 경향의 일부다. 정말 그때가 좋았을까? 어떤 점이? 그렇게 물으면 대부분 그때는 사람끼리 부대끼면서도 서로 인정이 있었다는 등으로 대답한다. 물론 그때는 지금보다 배고프고 가난해도 인정은 있었다. 그건 부인하기 어렵다. 그렇다면 그 시절로 돌아가고 싶은지 물어보면 대부분 아니라고 한다. 이 이율배반은 무엇일까?

약자인 노동자의 정당한 권리를 위해 노동조합을 만들면 잔인하게 탄압했다. 그래도 그들의 투쟁 덕에 임금이 올랐다. 그렇게 얻는 권리와 혜택은 모른 척한다. 노동 시간은 또 얼마나 길었는가. 그런데 지금 52시간 근로 때문에 경제가 엉망이라며 그때가 좋았다고 말한다. 지금의 임금은 다른 선진국에 비교해도 처지거나 박하지 않다. 이른바 정규직, 그것도 좋은 일자리의 경우다. 시간당 최저임금의 경우는 다르다. 그런데도 최저

시급 8,350원(2019년)에서 8,590원(2020년)으로 인상되니 그 것 때문에 일자리가 줄어든다고 아우성이다. 고작 240원이다. 내 아들이나 손녀가 그런 시급 받고 살아도 된다고 동의하는지 묻고 싶다. 예전에 비하면 엄청나게 좋아진 것 아니냐고 반문 한다. 그렇다면 도대체 "그때가 좋았지"라는 말은 일관성이 있 는가? 정작 뭐가 잘못된 건지는 묻지 않는다.

분명 과거의 삶은 곤궁했고 힘겨웠다. 박봉에 신기하게도 집 도 마련하고 아이들도 키웠다. 부동산 가격은 하늘 높은 줄 모 르고 치솟았고. 힘든 삶이었다. 다시 그렇게 하라면 기꺼이 그 러마 하지 못한다. 이미 지난 일이다. 이미 내가 겪은 일이다. 다시는 반복되지 않을 일이다. 그러니 관대해진다. 내가 겪은 일이니 고작 그게 내 삶의 흔적이고 자산이다. 그러니 더 애틋 하고 자꾸만 기억을 소환한다. 지금의 쌀쌀맞은 세태를 비난하 며 거기에 집착한다. 미래는커녕 현재를 판단할 때도 그

○
○

과거를 소환한다. 이걸 나이 든 세대가 추억 겸 하소연으로 되
풀이한다.

　과거의 일에 대한 관대함은 그때의 내 삶에 대해 고마워하
고 그 삶을 살아온 나를 대견하게 여기며 자존감을 지키고 그
때의 질곡의 삶과 화해하는 데에서 나온다. 그 과정 없이 과거
타령하는 건 알맹이 빠진 넋두리에 불과하다. 이제 그 시절의
삶에 고마워하고 화해하며 기억으로 묻고 작별해야 한다. 가끔
불러내 도닥이는 위로도 누리면서. 그게 우리 몫이다.

율(律)은 조화지 지배가 아니다.

;

    규범은 질서와 효율을 위한 약속이며 매뉴얼이다. 적어도 조직 내에서 규범이나 규정은 반드시 지켜져야 그 가치가 구현된다. 그래야 전체의 질서가 유지되면서 작동한다.

    규정이나 규범은 기본적으로 율(律)의 형태를 띤다. 율은 여러 사람의 행위 표준이 될 만한 질서를 의미한다. 일반적으로 법을 뜻한다. 법은 의무를 강제한다. 불교에서 율은 비구와 비구니 등 출가자가 죄악을 범하지 않기 위해 지켜야 할 규율을 뜻하고 성경에서의 율은 '할당된 몫'이란 뜻으로, 행위에 따르는 응분의 대가를 의미한다. 즉, 율은 나 스스로 타락과 나태를 경계하고 반드시 지켜야 할 가치를 수행하는, 개인적이며 동시에 사회의 초석이다.

    규범으로서의 율은 불가피하게 지배 구조를 낳는다. 그 지배는 왜곡된 사유의 결과다. 규범은 힘의 남용을 막고 약자의 불이익을 방지하는 목적을 갖는다. 기본적으로 약자를 보호하는 게 율이다. 율은 의무가 아니라 각자의 권리를 보호하고 보장하는 사회적 약속이다. 율은 위를 보는 게 아니라 아래를 보는 것이다. 아무리 좋은 율이라도 구성원이 동의하지 않은 율을 강요하는 게 독재다. 소통과 배려로 위와 아래를 어울리게 하는 조화는 모든 율의 바탕이다.

왜곡된 율은 현실적으로는 권력을 쥔 사람들의 관점에서 인식되고 제정되며 시행되는 듯 보여 얼핏 의무는 강조되면서 정작 권리는 없어 보이고 융통성 없는 올무처럼 느껴진다. 그러나 그 율은 모든 구성원의 권리를 올바르게 그리고 합리적으로 보장한다. 그래야 한다. 그런 의미에서 율은 지배가 아니라 조화다. 질서와 규범만 강조하며 무조건 복종을 요구해서도, 쉽게 굴종해서도 안 된다. 지배의 논리로 들먹일 게 아니라 살아온 지혜로 조화시킬 수 있는 능력을 키워야 한다. 이제 제대로 삶의 운율을 느끼며 살아야 한다.

열려 있는 문을 크게 두드리는 삶은 어리석고,
바다에게 덜 젖으라고 요구하는 태도는
오만하다.

;

늘 스스로 경계하지 않으면 자칫 헛발질하기 쉽다. 익숙해
진 일이면 더 그렇다. 익숙하다는 이유로, 늘 그걸 해왔기 때문
에 방심하기 쉽다. 그 방심이 꼭 경계를 느슨하게 하거나 의식
을 버리지 않는 걸 의미하는 것은 아니다. 불필요한 경계는 소
중한 에너지를 낭비하는 것이고 윗자리의 지나친 조임은 아랫
자리에게 과도한 짐으로 전가된다.

세상이 변화하고 있는데 과거의 삶과 경험 그리고 새롭게
충전하지 않는 지식으로 사회를 재단한다. 나아가 자신의 과거
지위를 발판 삼아 되도 않는 소리를 지껄이는 자들이 너무 많
다. 그러니 '얼굴색은 창백하고 생각은 낡은 무리들'이 여론을
호도하는 일도 태연히 벌어진다. 그들은 이미 활짝 열린 문 앞
에 서서 문을 두드리면서 '열려라 참깨' 타령이나 하고 있다.
어쩌다 그들의 판단이 운 좋게 혹은 우연히 맞으면 그것 봐라
환호작약하며 어깨에 힘을 준다. 비가 올 때까지 기우제를 지

내는 것과 크게 다르지 않다.

청춘들이 힘들어 아파하고 희망조차 가누지 못하는데 왜 나약하냐고, 힘들고 어려운 일 기피하냐고, 청춘은 본디 아픈 거라고 주억거리는 건 바다에게 덜 젖으라고 요구하는 것과 다르지 않다. 어른이 할 짓이 아니다. 자식 세대가 힘든 건 부모 세대가 제대로 준비하고 대응하지 못했기 때문이기도 하다. 어른들 책임이 크다. 그런데도 나 살기도 바쁘다며 줄행랑치면서 힘내라고 한마디 뱉는 건 비겁한 일이다.

문이 열려 있는데 정작 낯설고 두려워하면서 부끄러움 감추려고 문을 두드리는 어른들이 있다면 우리가 쫓아내야 한다. 같이 나이 들어가는 게 부끄러워서야 되겠는가. 부끄러움이 우리 몫이 되게 하지 않으려면 용감하게 그들을 문밖으로 내쫓거나 그들을 두고 문 안으로 들어가야 한다. 바다에게 덜 젖으라고 할 대상은 바로 그들이다.

약자를 누르는 편에 가담하는 게
가장 비열하고 천박한 일이다.

,

호가호위(狐假虎威)하는 짓은 역겹다. 호랑이의 능력이나 위세가 있다면 차라리 낫다. 그건 그의 능력이니까. 그런데 여우쯤 되지도 못하는 게 여우 행세를 하더니 나중엔 호랑이를 등에 업고 제가 호랑이인 줄 아는지 호랑이 짓을 한다. 어느 조직이나 꼭 있다. 여러 차례 반복하면서 제가 호랑이인 줄 아는 작자도 있다. 그쯤이면 약도 없다.

호가호위의 고약한 짓 가운데 가장 치사한 건 본인이 호랑이가 아니라 여우 등속인 걸 알면서 호랑이 편에 서서 호랑이가 원하는 걸 대신 처리해줌으로써 호랑이에게 신임 받고 아랫것들에게는 자신이 호랑이보다 더 무서운 존재라는 걸 과시하는 작자들이다. 고약한 마름이다. 약자를 누르는 자 곁에서 앞장서서 수족 노릇하면서 자기가 절대 강자라고 착각한다.

맨 정신으로는 본인도 어색하니까 아예 생각 자체를 그쪽으로 묻어버린다. 그게 신념이 된다. 일반적으로 인지부조화를 거쳐 확증편향으로 빠진다. 자신의 신념은 언제나 옳고 자신의 생각과 다른 타인의 신념은 무조건 그르다. 자신의 신념이 정의라고 믿으니 다른 신념을 용납하는 건 묵과할 수 없는 불의한 일이라고 여긴다. 그래서 무자비하게 짓밟으면서도 양심의 가책 따위는 전혀 받지 않는다.

노조를 파괴하는 구사대(도대체 그게 어떻게 '회사'를 '구하는' 일인지 모르겠지만)나 재개발구역 짓밟는 용역이 하는 짓과 무엇이 다른가. 조금 더 세련되게, 더 교묘하고 잔인하게, 더 많은 돈과 지위로 저지르는 것뿐이다. 그런 행동으로 옮기지 않아도 판단이 그쪽으로 편향된 사람이 많다. '오도된' 신념을 학습하고 세뇌당했기 때문이다. 그런 사람이 너무 많다.

나이 많을수록 더 그렇다. 약자를 누르는 편에 가세한다고 강자가 되는 것이 아니다. 자신도 약자가 되어 그런 악한 무리에게 짓밟히면 누가 그를 도와줄까. 사냥개도 토끼 사냥이 끝

○
○

나면 삶아 먹는다. 망나니 홍위병 같은 짓을 하는 '늙은 것들'
이 아직도 활보한다. 부끄러운 일이다.

　귀부터 열어야 한다. 마음을 열고 진실을 깨우쳐야 한다. 호
랑이가 쫓겨나면 여우가 왕 노릇할 것 같지만, 그 여우부터 잡
아다 요절내는 세상으로 바뀌고 있다. 더 늦기 전에 정신 차려
야 한다. 꼰대도 애교는 있어야 한다. 양심을 가져야 하고 정의
에 대한 생각이 바로잡혀야 한다. 호가호위하며 남의 신념을
짓밟는 일은 끝내야 한다.

어휘 하나가 삶의 질을 결정하기도 한다.
언어는 그 사람의 옷이다.

;

　마르틴 하이데거의 말 "언어는 존재의 집이다"를 굳이 꺼내 들지 않더라도 언어는 최소한 옷쯤은 된다. 옷이 단순히 멋을 위한 것만은 아니다. 패션은 사상이다. 자신을 표현하는 방식이다. 소화하지 못하는 옷을 입으면 어색하다. 감당하지 못하는 패션은 다른 사람들이 금세 알아챈다. 말도 그렇다.

　언어에는 주인의 품격과 인성이 드러난다. 지식의 많고 적음을 떠나 그 언어에 대한 정확한 표현과 함께 그 의미의 깊이에 대해서도 숙고해야 한다. 말이라고 그냥 뱉는 게 아니다. 성장할수록 그에 걸맞은 성숙한 언어를 의식해야 한다. 어떤 말을 쓰는지를 유심히 보면 5분 안에 그 사람의 '견적'을 대충 뽑을 수 있다. 말 제대로 하는 것도 그렇게 어려운 일이다. 옷 잘 입는 것처럼. 언어는 존재의 '옷'이다.

　아이도 그렇지만 낫살 먹은 어른도 거칠고 험한 말을 하면 '쎄(이때는 '세'가 아니라 '쎄'여야 할 듯한)' 보이는 줄 안다. 직설

적이고 무례한 말을 서슴지 않는다. 나잇값 하려면 그에 걸맞은 언어의 품위를 지녀야 한다. 말이 예의를 벗으면 그 인격이 발가벗는 것과 다르지 않다. 만만한 사람에게 반말하는 사람은 인격이 반만 갖춰졌다는 걸 드러낼 뿐이다. 아랫사람에게 반말 거리낌 없이 내뱉는 건 그의 인격이 반 토막밖에 되지 않는다는 걸 사회적으로 고백하는 것이다.

자기 말에 책임지려면 언어의 일관성을 유지해야 한다. 일관된 언어를 쓰지 않는다는 건 그 인간성 자체가 이중적이라는 뜻이다. 그런 자들에게 말의 주인은 자신이 아니라 상대다. 그걸 모른다. 아랫사람에게 무례하고 강압적인 인간은 윗사람이 부당하고 불의할 때 결코 대들고 따지지 않는 비겁한 부류이기 십상이다. 강자에게 아첨하고 약자에겐 잔혹한 인간이다. 그런 자들의 말은 대부분 이중적이다.

말은 엄중하다. 말에는 책임이 따른다. 책임질 수 있는 말만

○
○

해도 망신당할 일은 없다.

　격조 있는 말이 품격 있는 삶을 만든다. 나이 들수록 마음에 새겨둬야 한다. 제발 나잇값 하는 말을 쓸 줄 알아야 한다.

본질은 잊고 거죽만 보는 일에 나를 몰아넣는 건
매우 느린 속도의 자살이다.

;

  '배워야 산다'는 구호 아래 살았다. 뭐라도 배워야 했다. 빨리
배워야 했다. 어떻게 수행해야 하는지 그 방법을 배우는 사람이
승자였다. 너 나 가리지 않고 열심히 그걸 얻기 위해 여기저기
뛰어다녔다. 입버릇처럼 '어떻게'에 대해 먼저 묻고 찾는다.
  정작 '왜' 그걸 해야 하는지 묻는 일은 없었다. 그런 질문 자
체가 불경스럽고 전복적이어서 따돌림 당하기 십상이었다. 그
러다 보니 아예 그 질문 자체를 삼켜버리며 살았다. 아무리 수
많은 노하우를 쌓고 살아도 정작 그 근본을 잊는 일이 다반사
였다. 어떻게 돈을 벌고 살지는 민감했지만 왜 돈을 벌어야 하
는지는 관심 밖이었다. 기업이 최소의 투자로 최대의 이윤을
추구하는 주체라는 건 자본주의 사회에서는 세 살 아이도 당연
하게 아는 일이다. 그러나 왜 기업이 그래야 하는지 묻지 않는
다. 기업들이 괴물이 되어가도 속수무책일 수밖에 없었다.
  기업이 이윤의 극대화를 추구하는 건 기업에 참여한 사람들

에게 더 많은 분배를 하기 위해서다. 자본이건 노동력이건 경영 능력이건 아이디어건 다양한 방식으로 기업에 참여한다. 이익이 많아야 분배의 몫이 커진다. 분배를 많이 받아야 원하는 삶, 보다 인간적인 삶을 살 수 있다. 모두 각자의 자아를 실현할 수 있다. 그런데 '왜'라는 물음이 사라지니 수단과 방법을 가리지 않고 돈에 환장해서 산다. 그 몫은 강자가 독차지한다. 기업은 어떻게든 이윤을 극대화할 뿐이니까. '왜'를 묻지 않으면 '사람'을 놓친다. 나도 당신도 사람이다. 어떻게 돈을 벌어야 할지를 묻기 전에 왜 돈을 벌어야 하는지를 먼저 물어야 한다. 그래야 사람을 지킨다.

삶이건 일이건 '어떻게'를 묻기 이전에 '왜'를 먼저 물어야 한다. 이젠 그런 때도 되지 않았는가. 알맹이는 빠지고 껍데기만 품고 사는 건 도리가 아니다. 그건 자신을 죽이는 일이다. 그런 식으로 '자살'하지 말아야 한다.

**내일의 행복을 위해 오늘의 행복을 계속 유보한다면
행복은 영원히 접근 불가의 영토로 고립된다.**

;

무람하게 살았다. 훗날의 행복을 위해 지금 고생하는 걸 기꺼이 감수하고 견뎠다. 그래서 내일 행복했는가? 아니다. 늘 또다른 내일의 더 큰 행복을 위해 지금의 고통을 감수하며 행복을 유보하면서 살아왔다. 더 큰 욕망을 위해 지금의 작은 행복을 미루는 습속이 여전히 남아 있다.

고진감래(苦盡甘來)를 교조로 삼으며 살았다. 지금 누리는 즐거움은 낭비의 지름길이고 미래에 거지처럼 살 수밖에 없다고 배우며 살았다. 지금 욕망을 억제하고 내일을 위해 저축하며 열심히 일해야 한다고 배웠다. 이솝의 개미와 베짱이 우화는 그런 이데올로기를 어린아이들에게 주입시켰다. 언제나 '10년 후 영광'을 들으며 죽어라 앞으로 내달렸다. 그렇게 우리는 늘 현재의 행복은 바람직한 것이 아니라 멀리 해야 하는 것으로 세뇌당했다.

지금 행복하지 않으면 정작 행복이 무엇인지 모르고 살게

○
○

된다. 행복도 경험하고 연습해야 한다. 경험하지 못한 행복은 관념일 뿐이다. 허위의식이다. 내일의 행복을 위해 오늘의 행복을 포기하는 건 마치 둘이 만나면 안 되거나 불가능한 것이라고 강요하는 폭력이다. 견우와 직녀도 아닌데. 행복은 점점 키우는 것이지 먼 훗날 하늘에서 뚝 떨어지는 선물이 아니다.

워라벨이니 소확행이니 하는 청년들을 못마땅한 시선으로 보는 어른들도 있다. 어쩔 수 없는 현실 때문에 선택한 차선의 태도가 안타깝기는 하지만 작은 행복을 '지금' 누려야 더 큰 행복을 꿈꾸고 키울 수 있다. 미래의 행복을 위해 현재의 행복을 유보하는 경향이 강하다는 건 바람직한 게 아니다. 물론 찢어지게 가난했던 시절, 굶어죽는 공포를 벗어나기 위해 허리띠 졸라매고 이 악물고 살던 시절에는 어쩔 수 없었다고 해도 지금까지 그 습속을 벗어나지 못하는 건 바보짓이다.

'쾌락주의'라는 말이 가진 건전한 의미는 따지거나 찾을 생각도 없이 '쾌락'이라는 말에 눈살 찌푸린다. 왜 쾌락이 불건전한 개념인가. 당당하고 건강한 쾌락이 바로 행복이다. 음습한 쾌락, 파괴적이고 비생산적 쾌락에만 먼저 눈이 팔리니 도매금으로 쾌락을 폄하한다. 제대로 즐기는 법도 배운 적 없고 행복의 본질을 오직 마음껏 권력과 부를 누리는, 천박한 개념으로 변질시킨다.

　지금까지 그런 식으로 행복을 '유보당한' 것으로 족하다. 그런데도 계속해서 멍청한 이데올로기를 들이대며 강요하거나 치근댄다면 혼찌검을 내 쫓아낼 일이다. 건강한 쾌락주의자가 미래의 삶도 건강하게 만든다.

위축되는 게 아니라 위축'하는' 게
자기 쇠퇴의 지름길이다.
'위(we) 축(蹴)'하면 꿀릴 것도 없다.

;

    고령화를 재앙으로 보는 시각이 많다. 언제 터질지 모를 시한폭탄으로 본다. 어떻게 극복해야 하는가가 사회문제의 화두가 된 지 오래다. 골칫덩이로만 볼 게 아니다. 우습게 보면 큰코 다친다. 과거의 노인과 다른 '요즘 노인들'의 힘을 과소평가하면 안 된다. 중·노년 스스로 자존감을 가져야 한다.

    미국 보스턴에 있는 매사추세츠공과대학(MIT)의 '에이지랩(Age Lab)'의 설립자이며 '장수 경제'라는 개념의 창시자인 조지프 코글린 교수는 '과거와 다른 노인들'이 새로운 시장을 만들고 있으며 앞으로 더 큰 시장을 만들 수 있다는 점에 주목한다. "인류 역사에서 이렇게 많은, 고학력의, 자본력을 갖춘 노인이 출현한 적이 있는가? 요즘 미국 시장 구매력의 70퍼센트가 50세 이상 인구의 지갑에서 나온다는 사실에 주목해야 한다." 우리가 아직 미국 수준에 이르지는 못했을지 모르지만 이미 은퇴자들의 새로운 유형의 경제 행위가 시장에서 주목받기 시작하고 있다. (일정한 기간을 채운) 퇴직한 군인, 교사, 공무원의 경우 2~3백만 원쯤의 연금을 받는다. 거기에는 미치지 못해도 일반 직장을 퇴직한 사람들과 국민연금 가입자 가운데 일정 연령을 넘어 연금을 받는 세대가 출현하고 있다.

단순히 금액으로만 보면 일할 때보다 수입은 적을지 모르지만 지출해야 할 비용이 크게 줄었기 때문에 부채가 크지 않다면 무난한 생활은 가능하다. 이전의 노인 세대에서는 보지 못하던 현상이다. 그런데도 일자리가 없고 경제 활동을 하지 못하니 불안해한다.

위축되는 건 신체의 노쇠와 경제적 수입이 없는 불안, 일하지 못한다는 무기력 등이 복합적으로 작용하기 때문이다. 큰 욕심 내지 않으면 사는 데 크게 지장 없을 수 있다. 위축될 까닭이 없다. 결국 스스로 '위축하는' 셈이다. 마음이 불안하니 삶과 태도도 덩달아 불안한 경우가 생각보다 많다.

　　　　　○
　　　　　○

　　중·노년이 경제를 축내고 있는 게 아니라 새로운 바람을 불어넣고 오히려 활성화시킬 수 있다는 점에서 당당해야 한다. 누가 주는 게 아니다. 왜 내 지갑 들고 남의 눈치 보며 살아야 하는가. 그걸 뻥 차버리면[蹴] 그만이다. 쫄 것도, 눈치 볼 것도 없다. 시장이 우리에게 눈치 보게 해야 하는 거다. 생각이 바뀌면 삶이 바뀌고 세상도 바뀐다.

**내가 강자가 되었을 때도
결연하게 약속을 이행하고 정의를 실천할 수 있을 때
사람답게 사는 사회의 바탕인 정의가 가능해진다.**

：
，

정의는 개인의 문제가 아니다. 정의는 사회적 약속이다. 내가 그 약속을 깨뜨리면 나는 그 약속의 혜택을 누릴 수 없다. 불편하고 불리해도 약속을 지키는 건 의무여서가 아니라 그것이 지켜진다는 믿음이 있어야 모든 약속이 유효하기 때문이다. 그런데도 우리는 너무 쉽게 정의를 개인의 문제로 환원시키는 까닭에 나와 상관없다고 여기면 기꺼이 정의를 외면한다. 정의, 나만 지키면 손해라고 생각하면서.

사람이 서로 피해를 입지 않게 하는 것이 정의의 본질이고 역할이다. 그래서 부당하게 피해를 당한 사람을 보면 그 사람 입장에서 함께 분노하고 저항하며 맞서 싸운다. 하지만 내 힘이 미약해서 비판하고 저항하며 맞서 싸우는 게 버겁다. 그렇게 무력감을 느낄 때 나는 강자가 되고 싶어진다. 파스칼은 힘을 갖지 못한 정의는 무력하며 정의가 없는 힘은 폭군이라고 했다. 그 말이 온전히 실감날 때가 많다. 힘을 갖지 못한 정의

○
○

가 차라리 정의 없는 힘보다 나은 것은 적어도 타인에게 해를 끼치지는 않기 때문이다. 정당한 것을 만들지 못할 때 강한 것을 정당한 것으로 만드는 유혹에 빠진다.

"오, 하느님, 정의가 힘을 지배하게 하소서!"라는 셰익스피어의 염원은 언제나 어디서나 옳다. 불의한 나라, 정의롭지 않은 사회에서 사는 것보다 부끄럽고 화날 일은 없다.

지성은 차갑고 감성은 무르다.
그 속성을 배반할 때 삶은 유쾌해진다.

;

차가운 건 사람이지 지성이 아니다. 지적이고 객관적인 게 차가운 건 아니다. 냉정한 것과 냉철한 것은 다르다. 그걸 혼동하니 지성이 차갑다거나 배운 사람이 차갑다고 치부한다. 실제로 배웠다고 자부하는 사람들 가운데 남 깔보고 자신의 지식을 과시해서 돋보이려 하는 자들이 쌀쌀맞고 차가운 경우가 흔하다. 인격이 덜 되고 남이 그걸 알아챌까 두려워서 경계하거나 분장하는 것에 불과하다.

제대로 배우면 너그러워진다. 몰랐을 때는 무모하고 무지했지만 알고 나면 그런 것이 우습고 부끄러워진다. 그걸 생각하면 배움이 모자란 사람에게 관대해지는 게 제대로 된 인성이다. 인심은 지갑에서만 나오지 않는다. 배움의 창고가 넉넉해도 저절로 나온다. 그게 인격이다.

무른 건 사람이지 감성이 아니다. 풍부하고 다양한 게 무른 건 아니다. 따뜻한 것과 모호한 건 다르다. 그걸 혼동하니 감성이 무르다거나 못 배워서 물러 터졌다고 치부한다. 감성이 풍부한 사람들 가운데 차분함은 밀쳐두고 자기 감성에 흠뻑 빠져 감정적으로 판단하고 반응하는 경우도 흔하다. 그게 상대에 대한 가장 인간적인 태도라고 여기기 때문이다. 진정한 공감은 상대에 대한 애틋함과 따뜻함에서 나온다. 상대를 올바로 인식할 때 제대로 공감할 수 있다. 감성만으로 공감하는 게 아니다.

지성과 감성은 서로 배타적인 게 아니다. 지성은 감정이 무르는 것을 제어할 수 있고 감성은 지성이 차갑게 흐르는 걸 막을 수 있다. 지성과 감성이 하나의 속성만으로 발현되는 게 수그러지고 가까이 다가설 때 제대로 판단하고 올바르게 행동할 수 있다. 지성이 감성을 제어하고 감성이 지성을 풍요롭게 하는 게 지혜다. 나이 드는 건 그렇게 지혜로워지는 과정이다.

그저 줄인다고 단순해지는 게 아니다.
가장 중요한 걸 알아야 쓸데없는 걸 버릴 수 있다.
그게 '단순'의 단순한 핵심이다.

;

금과 은을 보여주고 그중 하나만 고르라고 한다면 아무 고민 없이 금을 고를 것이다. 둘 중 어떤 것이 더 값진 보석인지 알기 때문이다. 선택지가 단순할수록 고민은 줄어든다. 비교가 쉽다. 경우의 수가 많아질수록 버리기가 어렵다.

몇 해 전 히말라야의 안나푸르나 서킷을 하면서 실감했다. 3,000미터의 고지에 접어들기 시작하면서 서서히 나타나기 시작한 고산병 증세는 올라갈수록 심해졌다. 4,000미터쯤부터는 발걸음을 떼는 것조차 힘겹고 5,000미터쯤에서는 숨 쉬는 것 자체가 힘들다. 마지막 캠프인 롯지가 5,100미터에 있는데 자리에 누워도 숨이 가빠서 도저히 잠에 들 수 없었다. 권총을 쥐고 있다면 그대로 머리통에 갈기고 싶은 잔망스런 충동이 일 정도였다. 숨만 편히 쉴 수 있다면, 산소만 있다면 어떤 값이든 지불할 것 같았다.

베이스캠프 격인 베시사하르에서 출발하여 마낭에 이를 때까지는 아주 즐겁게 걸었다. 히말라야의 위용과 자연의 아름다움은 만끽하며 카메라를 꺼내기 바빴다. 산소에 대한 생각을 해볼 일이 없었다. 늘 있고 눈에 보이지도 않으니 자연스러운 일이었다. 그러나 마낭을 지나 산의 나무가 보이지 않으면서 본격적으로 산소의 결핍이 느껴졌다. 몸은 천근만근 무거웠으며 걷는 일 자체가 힘겨웠다. 그래도 아직은 산소가 꼭 필요한, 가장 중요한 것이라는 걸 느끼지는 못했다. 하지만 올라갈수록 산소의 가치를 깨닫게 된다. 그 순간 비로소 산소가 내게 얼마나 소중한 것인지 깨닫는다.

그 길은 사고도 단순해지는 과정이다. 생각하는 것조차 에너지의 소비다. 극도로 단순해진다. 나중에는 산소에 대한 생각뿐이다. 극단으로 가서 느끼는 건 이미 늦다. 그제야 깨닫는 건 놓치고 버리는 게 아니라 저절로 단순화되면서 핵심을 깨닫게 되는 과정이다. 이고 지고 끌며 살아가는 게 얼마나 많을까. 버리

○
○

지 못해서 지니고 있다가 공간만 차지하고 끝내 쓸모가 없음을 뒤늦게 깨닫는 게 많다. 집착을 버리면 단순해질 수 있고 단순해지면 자유로울 수 있다. 이제라도 실천하면서 살아가야겠다.

"제가 항상 반복해서 외우는 주문 중 하나는 '집중'과 '단순함'입니다. 단순함은 복잡함보다 어렵습니다. 생각을 단순하고 명료하게 만들려면 생각을 깨끗이 정리하는 노력이 필요하기 때문입니다."

스티브 잡스의 말이다. 단순함이 복잡함보다 어려운 건 맞다. 그만큼 중요하다는 방증이다.

진정한 가치는 눈에 보이지 않을 때가 많다.
그런데도 자꾸 눈에 보이는 것만 찾으려 하기 때문에
인생을 낭비한다.

;

제주도의 지하수는 곶자왈에서 나온다. 전 세계에서 제주도에만 존재하는 독특한 생태계이며 숲인 곶자왈은 그다지 넓지 않다. 곶은 제주방언으로 '숲이 우거진 곳'이고 자왈은 '나무와 덩굴 따위가 마구 엉클어져서 수풀 같이 어수선하게 된 곳'이라는 뜻이다. 돌이 많고 토양이 부족해서 농사를 지을 수 없는 곳이니 불모지라 여겼다. 땔감을 얻고 방목하는 정도로만 쓰였다. 곶자왈에 대한 연구가 본격화되고 그 가치를 인식한 건 1990년대 초반 송시태(해양지질학 전공) 박사에 의해서다.

사면이 바다인 제주도는 물이 귀하다. 그는 지하수 분야를 연구했다. 강수량은 많지만 강이나 하천은 별로 없는 대신 지하수 함량이 풍부하다. 같은 제주도에서 지역에 따라 물난리가 나는 곳과 배수가 잘 되어 그렇지 않은 곳을 눈여겨본 송 박사는 실마리를 찾기 위해 숲을 조사하다가 넝쿨이 복잡하게 우거져서 사람들이 쉽게 들어가지 못하는 숲을 발견했다. 그게 곶자왈이다. 곶자왈 근처의 마을은 물난리를 겪지 않는다는 점에 주목한 그는 곶자왈이 엄청난 양의 빗물을 지하수로 바꿔서 저장해주는 곳이라는 걸 알아냈다.《문경수의 제주 과학 탐험》을 쓴 문경수는 곶자왈을 '마법의 숲'이라 부른다. 흙 대신 돌 사이로 나무가 뿌리박힌 곶자왈은 아무리 많은 빗물이 쏟아져도 돌 사이로 빠르게 스며들어 홍수가 나지 않게 한다.

　선흘곶자왈이나 환상숲곶자왈에 들어가면 문경수의 말처럼 마법의 정원에 들어선 느낌이다. 다양한 동식물이 공존하는 독특한 생태계가 생성된 건 화산이 만든 환경 때문이다. 곶자왈은 밖에서 보는 것과 안으로 들어갔을 때 느낌이 완전히 다르다. 억겁의 시간을 견디며 그 섬을 버텨준 숲은 신비롭다. 곶자왈은 토양이 부족하기 때문에 나무들이 바위에 의지해서 살아간다. 그래서 뿌리도 널빤지 모양으로 변형된 것이 많다. 나름의 생존 비법이다. 곶자왈이 훼손되고 사라지는 건 안타까운

○
○

일이다.

곳자왈의 가치를 깨달은 건 최근 일이다. 자세히 보지 않았고 마음에 두지 않았기 때문이다. '보이지 않는' 것으로 치부했다. 당장 눈에 보이고 셈속을 따지는 가치에만 매달렸다. 그런 일은 얼마나 많은가. 눈앞에 보이는 것만 당장 손에 쥐려는 조바심과 이기심 그리고 탐욕이 삶을, 세상을 망친다. 눈에 보이는 것보다 그렇지 않은 게 때론 더 많은 가치를 갖는다. 이제는 그걸 확실하게 깨우쳐야 한다. 진정한 가치는 눈에 보이지 않을 때가 더 많다.

곳자왈이 만들어낸 지하수도 눈에 보이지 않는다. 그러나 그것이 고갈되면 엄청난 고통을 감수해야 한다. 그러니 미리 깨닫고 그릇된 욕망에 휘둘리지 말아야 한다. 제주도 곳자왈이 깨우쳐준 지혜다.

나이 드는 게 아니라
생각이 낡아지는 것을 두려워해야 한다.
싱싱한 생각으로 진화하면 그깟 나이 아무것도 아니다.

;

노벨문학상을 수상하고 세계적인 인권사회운동을 펼쳤던 펄 벅(Pearl S. Buck, 1892~1973)이 일흔이 되었을 때 그녀에게 물었다. 다시 청춘으로 돌아간다면 무엇을 하고 싶냐고. 그녀는 단호하게 대답했다.

"내가 여기까지 오는 데 치른 값이 얼마인데요. 나는 다시 그것을 되풀이하고 싶지 않아요. 나는 지금이 좋습니다. 지금 이 나이를 누리기 위해 지금까지 살아온 겁니다."

그렇다. 지금을 살기 위해 우리는 지금까지 살아온 것이다. 그러니 지금이 내 인생에서 최상의 시간이다. 내일은 오늘보다 더 나은, 최상의 시간인 '또 다른 오늘'이어야 한다. 그게 제대로 나이 들어가는 일이고 그래야 나이 듦이 즐겁다.

생각만으로는 안 된다. 펄 벅은 늘 자신을 깨우고 발을 내딛게 하는 내성(內省)의 영토를 마련하고 자신을 고착시키지 않으려 노력했기에 오늘이 최상의 시간이며 나이 드는 게 즐겁다

○
○

고 확신한 것이다.

"내 안에는 나 혼자 살고 있는 고독의 장소가 있다. 그곳은 말라붙은 당신의 마음을 소생시키는 단 하나의 장소다(Inside myself is a place where I live all alone and that's where you renew your springs that never dry up)."

멋지게 나이 드는 건 저절로 이루어지지 않는다. 공짜가 아니다. 그러나 제값을 치른 나이 듦은 아주 멋지고 아름다운 일이다.

**논리와 근거가 확보되었을 때까지 말을 아끼는 것,
그것이 철학적 태도의 핵심이다.**

;

철학의 사유라고 늘 불변하거나 보편적인 것은 아니다. 고갱이는 크게 바뀌지 않을지라도 늘 변한다. 비트겐슈타인은 《논리철학논고》를 쓰고 더 이상 자신이 철학에 해줄 것도 없고 철학에서 얻을 것도 없다며 홀연히 학교를 떠났다. 오만이 아니라 완벽한 정직이었다. 자신의 성과를 권위로 갑옷을 입히거나 스스로 지적 권력을 누리려는 생각은 추호도 없었다. "말할 수 없는 것에 대해서는 침묵을 지켜야 한다"는 그 책의 마지막 문장은 그래서 의미심장하다.

말이라는 게 꼭 입으로 발화되는 것만을 의미하는 게 아니다. 권력, 부, 명예를 과시하는 것 자체도 과도한 말이다. 그런 것들에 대해서는 '말할 수 있어도' 침묵해야 한다. 몰라서, 두려워서 침묵하는 게 아니다. 침묵에 묵직하게 자리 잡고 있는 힘을 깨달았기 때문이다. 그 힘이 그냥 생기는 게 아니다. 깊은 성찰에서 길어 올리는 샘물이다. 몰라서 입 다물고 있는 건

○
○

불안하지만 알면서도 묵묵히 제자리를 지키고 있는 힘이 진짜 내공이다. 범접할 수 없는 도인의 내공이 아니라 소소한 것들은 너그럽게 받아들이되 거짓을 분별하고 일갈할 수 있는, 그런 침묵의 내공이다. 굳이 내색하지 않는, 그러나 함부로 굴 수 없는 힘을 담은 내공은 그런 의도적 침묵 속에서 익어간다. 최소한 경박함은 물리칠 수 있는 게 침묵의 힘이다. 그 깨달음이 철학적 지혜다. 그게 없으면 천박해지고 너덜너덜해진다. 그게 바로 시시한 삶이다.

**온갖 보약으로 몸을 지키려 하기 전에
지금까지 날 지켜준 몸에 감사해야 한다.**

．
，

　동창들 만났더니 "백 살까지 살아라!"는 게 가장 심한 욕이
라며 쓰게 웃는다. 유병장수(有病長壽)의 시대다. 20세기 들어
수명이 급격하게 늘었다. 예전에는 환갑에 큰 잔치 벌였지만
지금은 예순 번째 생일에 불과하다. 80세쯤 사는 게 기본인 시
대다. 삼국시대 평균수명이 20대 중반, 고려시대 30대 중반, 조
선시대 40대로 점차 증가했다. 19세기 런던 시민의 평균수명
이 20세가 채 안 되었다. 물론 평균이기 때문이고 유아 및 어린
이 사망률이 높았기 때문이다. 전염병 한 번 크게 돌면 인구의
1/4쯤 줄어드는 일도 있었다.

　근육에 의존하는 노동의 강도는 낮아지고 섭생은 좋아지며
위생과 의학이 발달함에 따라 인간의 평균수명은 빠른 속도로
늘어났다. 그래서 50세가 넘으면 중년이라 했지만 유엔에서는
65세까지 청년이고 79세까지가 중년이며 그 이후가 노년이라
고 정의할 정도까지 되었다. 문제는 질병에 시달리지 않고 장

수하는 것이다. 병치레하는 노년의 기간이 12년쯤 된다 하니
마냥 좋은 일도 아니다. 몸은 수명의 증가만큼 자연적으로 진
화하지 않았으니 유효 기간이 짧은 몸을 잘 다루며 살아야 한
다. 불행히도 우리는 그런 교육을 제대로 하지도 받지도 않고
살았다. 그래서 젊었을 때 몸 마구 굴리다 나이 들어 고생한다.

　제주에 내려가 사는 이들이 가장 많이 하는 말은 건강해졌
다는 것이었다. 무엇보다 많이 걷고 적당한 노동을 하는 게 가
장 큰 효과를 거두고 있다고 한다. 원하건 원하지 않건 오래 살
게 된 세상이다. 젊었을 때부터 건강 잘 챙기는 일에 소홀하지
말아야 한다. 아무리 좋은 일도 건강하지 않으면 무의미하다.
얼마 전 급성심근경색으로 응급실에 실려 간 이후 이런저런 질
병의 징후까지 나타나니 긴장하게 된다. 하지만 그래서 건강에
더 많이 신경 쓸 수 있게 된 건 다행이다. 지금까지 잘 버텨준
몸이 고맙다. 이제는 그 몸 잘 섬기며 살아야 한다.

**여전히 청년의 몸이라고 자랑하지 말고
청년의 정신을 간직하고 있음을 자랑하라.**

;

   나이가 무색하게 젊은 몸을 유지하고 있는 어른들을 본다. 보는 것만으로 즐겁고 부럽다. 그 몸매를 유지하기 위해 얼마나 많은 노력을 기울이고 정성을 쏟았을까 생각하면 존경스럽다. 건강하게 나이 드는 건 축복이다. 공원에 가면 그런 중년, 노년 많이 본다. 참 열심이다. 몸 잘 가꿔야 비루하지 않게 산다.

   청년의 몸이 무색한 친구 녀석이 있다. 지금도 하루 두세 시간은 헬스클럽에서 산다고 한다. 다들 부러워한다. 그런데 나는 그가 하나도 부럽지 않다. 입만 열면 빨갱이 타령이고 걸핏하면 옛날에 자기가 어쨌는데 운운이다. 누가 들으면 한국전쟁에도 참전했고 월남전에도 다녀왔으며 중동에 가서 뜨거운 사막에서 죽어라 일한 사람이라도 되는 줄 알 정도다. 그러나 내가 아는 그 친구는 좋은 부모 만나서 잘 살았고 대학 시절에도 그 흔한 데모 한 번 하지 않았으며 일찌감치 부모 가업 물려받아 잘 살다가 욕심이 과해서 몇 차례 부도를 겪고 망했다. 그

　　　　　○
　　　　　○

　와중에 미리 손을 쓴 덕에 먹고사는 데 큰 지장받지 않을 만큼
재산도 지켜냈다. 그걸 승전보처럼 자랑하는 꼴을 보고 있노라
면 듣는 내가 다 부끄럽다.

　지금도 그 친구의 몸은 청년도 부러워할 만큼 단단하다. 늘
그걸 자랑한다. 하지만 생각은 완전히 극우 혹은 수구의 진영
에 있다. 적어도 내가 아는 한 그가 사업에 실패한 건 과도한
욕심과 불법 때문이었다. 그런데 노조 때문에 망했다며 노조라
면 이를 갈았고 지금도 여전하다. 남한에도 굶는 사람 많은데
북한에 쌀 퍼주는 건 빨갱이 짓이라고 침 튀기며 말한다. 그게
무슨 불우이웃돕기쯤인 줄 아는 수준에 멈춘다. 서독이 동독에
어떻게 했는지는 전혀 알지도 못하고 알고 싶어 하지도 않는다.

　싱싱하고 멋진 몸을 가진 건 축복이다. 그의 가상한 노력 덕
분이다. 그건 부럽고 인정해야 할 일이다. 하지만 정신은 '제대
로 된' 신문 한 장 읽지 않는, 낡아빠진 수준이다. 몸은 노쇠할

○
○

수밖에 없다. 그의 몸도 언제까지 버티진 못할 것이다. 그러나 정신은 시대정신과 미래 의제를 고민하며 열려 있는 한 녹슬지 않는다. 신체의 늙어감을 두려워할 게 아니라 정신이 낡고 퇴행하는 걸 두려워해야 한다. 그게 나이 들어가면서 가장 조심해야 할 일이다.

나이 먹었다고 우습게 보지 마라.
"너는 그 나이 먹어봤느냐"고 따지지 마라.
복숭아나무, 자두나무 아래 길 없어도 저절로 길이 난다.

;

《사기》에 "복숭아나무와 자두나무는 말을 하지 않아도 그 밑에 절로 길이 난다(桃李不言下自成蹊)"는 말이 있다. 〈이광장군열전〉에 나오는 말이다. 한나라 무제 때 장군 이광의 일화에서 유래했다. 대장군이지만 솔선수범했고 휘하 장병에 대한 배려로 신임과 존경을 가득 받았던 장군이었다. 장병들이 다투어 이광의 휘하에 들어오려는 건 당연했다. 멋진 어른의 모습이다.

나이 들수록 말이 많아진다. 자기가 얼마나 잘났는지, 어떤 일을 이뤘는지 자랑하는 말이건 왜 자신을 우습게 보냐고 고까워서 하는 말이건 틈만 나면 떠든다. 나이 먹었다고 우습게 보는 게 아니다. 존경할 만한 게 없으니 관심을 끄는 것뿐이다. 추하게 나이 드는 사람들의 공통적 속성이고 태도다.

길을 내도 얻을 게 없으면 아무도 그 길 오가지 않는다. 그러나 복숭아, 자두는 굳이 말하지 않아도 그 아래로 저절로 길이 난다. 내 나무에 복숭아, 자두가 열렸는지 먼저 살펴야 한다.

○
○

그게 없다면 지금이라도 심으면 된다. 아직 남은 시간 많다. 몇 해만 지나면 복숭아와 자두가 열릴 것이고 그 열매 맛보려고 사람들이 찾아올 것이다.

나이는 그렇게 먹는 것이다. 왜 나를 알아주지 않느냐고 투정할 게 아니라 묵묵히 나무 심고 열매 맺으면 될 일이다.

우리는 누군가의 피해를 담보한 탐욕을
부끄러워하지 않는다.
돈에 굴복하는 법을 먼저 배우기 때문이다.

;

초등학교부터 대학교에 이르기까지 많은 비정규직 노동자
가 있다. 약자의 권리를 법적으로 보장받는 노동조합에도 가입
하지 못한다. 기존의 노조가 가입을 막기까지 한다. 그러면서
자신의 권리는 한 뼘이라도 늘려야 한다고 주장한다. 마치 약
자에도 등급이 있는 것처럼. 설령 내가 하는 일이 적법하고 도
덕적이라 해도 그게 인격적이지 않으면 정의로운 일은 아니다.
그런 야비함과 비인격성이 학교에서 태연하게 자행되고 있는
현실에서 학생들은 과연 무엇을 배울까? 상상만 해도 끔찍한
일이다. 그건 교육이 아니다.

그린벨트(개발제한구역) 해제에 반대하는 논리도 크게 다르
지 않다. 그게 환경에 도움이 되고 도시 난개발을 막는 중요한
보루 역할을 하는 것 모르는 이 없다. 그러나 거기에 사는 이들
은 무슨 잘못인가. 그들의 불이익을 담보로 내가 행복해 하는
건 부끄러운 일이다. 정말 그린벨트가 중요하다고 여기면 거기

○
○

사는 이들에게 값을 지불하며 누려야 한다. 그걸 외면하면서 그린벨트가 유지되어야 한다고 무조건 우기는 건 이기적 폭력이다.

   돈의 노예가 되지는 않더라도 쉽게 굴복한다. 그게 적법하며 행복을 추구할 수 있는 나의 권리라고 주장하는 삶에 너무 익숙하다. 적당히 비겁하게 살았다. 내 행복을 덜어내는 대신 기꺼이 도덕적이고 인격적인 선택을 하는 것도 중요한 용기다. 이제는 너무 쉽게 돈에 타협하는 습속을 조금씩 덜어내며 살아야 덜 부끄러울 것 같다.

3

느림과 너그러움에 대하여

,

‘느리다’는 건 사물의 섬세함을
느린 움직임 속에서 발견하는 것이다.
느림은 차가운 물에 영혼을 적시는 것이다.

;

건성건성 대충 훑어보는 것에서 지혜가 생겨날 수는 없다. 지혜를 길어내는 섬세한 사유는 느림의 샘에서 만들어진다. 빠르다고 다 좋은 건 아니다. 지혜롭고 싶으면 일부러라도 수시로 느리게 사는 구간을 만들어야 한다.

우리 몸은 40대 후반에 접어들면서 조금씩 구체적으로 노쇠해지기 시작한다. 그건 자연적 필연이다. 팔팔한 몸일 때는 철마처럼 빠르게 달릴 수 있었지만 늘 달릴 수는 없다. 물론 꾸준한 운동으로 노화의 속도를 줄일 수는 있겠지만 그것도 한계가 있다. 빠름의 상실을 슬퍼하기만 할 게 아니다. 느림의 가치를 누리면 된다. 그걸 깨달으라고 나이가 든 것이다. 속도를 늦추는 것이 뒤처지는 것이 아니기 위해서는 그 감속을 상쇄할 수 있는 걸 찾아야 한다.

삶의 속도와 영혼의 속도는 조금만 방심해도 늘 벌어진다. 그 간극을 조금이라도 좁히도록 감속해야 한다. 가끔 내 삶의 속도를 줄이고 느림을 누리는 것은 나에 대한 '부드럽고 우아한 배려'다. 휴식은 가속의 삶에서 감속하는 제동장치다. "인간의 모든 불행은 고요한 방 안에 들어앉아 휴식할 줄 모르는 것이다." 블레즈 파스칼이 《팡세》에서 했던 말이다.

프랑스의 철학자며 작가인 피에르 상소도 《느리게 산다는 것의 의미》에서 이렇게 말했다. "느림은 부드럽고 우아하고 배려 깊은 삶의 방식이며, 살아가면서 겪는 모든 나이와 계절을 아주 천천히 아주 경건하게 주의 깊게 느끼면서 살아가는 것이다."

어느 하루 특별한 목적도 의지도 없이 놓아버리는 날, 권태가 아니라 평화를 느끼는 날이 있다. 너무 바빠 사느라 나를 바라볼 틈조차 없다가 나를 '느끼는' 아주 느린 하루다. 느림은 빠른 속도로 박자를 맞추지 못하는 무능력을 의미하는 것이 아니다. 모든 현재의 시간을 최대한 농밀하게 음미하고 즐길 수

○
○

있는 가장 기본적인 조건이다. 느림을 누린다고 처지는 게 아
니다. 우리는 기계가 아니다. 느림은 시간의 밀도를 채우는 자
연의 지혜를 따르고 배우는 것이다. 속도는 기계의 시간이고
느림은 자연의 시간이다. 우리는 그렇게 자연스러워지고 있다.

살아보니 빠르고 높은 것 별거 아니더라.
아등바등 산다고 되는 것도 아니더라.

;

   환갑 넘긴 동창들이 한 달에 두 번 산에 오른다. 근교 산들은 여러 차례 올랐던 곳들이다. 그런데도 여전히 정상에 올라야 직성이 풀리는 녀석들이 많다. 다행히 서둘며 빨리 오르려고 하지 않는다. 허리 불편한 녀석, 진작부터 무릎 시큰거리는 녀석, 조금만 오르막 올라도 숨 가쁜 녀석… 그런 부상병이 절반을 넘는다. 그런데도 악착같이 정상 타령이다.

   오비이락인지 급성심근경색으로 큰 고비 넘기고 높은 산행 꺼려야 할 형편이 된 이후 친구들이 날 배려해서 한 달에 한 번은 둘레길이나 완만한 근교 산으로 쏘다닌다. 언젠가 한 친구가 말했다. "이것도 색다른 맛인데?" 이제 그걸 알게 된 나이다. 조금 서럽기도 하겠지만 우리는 오히려 중년이 되어서야 비로소 그 맛을 알게 된 것도 다행이라 여긴다. 유격 훈련하듯 빡세게 정상을 향해 내달렸던 시기도 분명 싱싱하고 팔팔한 나이가 누린 나름의 즐거움이었다.

○
○

그게 어디 산행에만 해당할까. 사는 게 그렇고, 생각하는 게 그렇다. 몸도 느리고 사고도 느리다. 점점 더 그렇게 될 것이다. 그게 두렵고 아득하다. 하지만 이제 몸이 재발라서 뭐할 거며 빠른 두뇌 회전으로 무엇을 얻고 이룰 것인가. 오히려 천천히 움직이고 느리게 생각하면서 누리는 게 분명히 있다. 그걸 누리는 나이가 되었는데도 그 맛을 모른다면 나는 노 땡큐다. 산허리 돌아가는 길도 좋고 완만한 능선에서 바람 느끼면서 거니는 길도 좋다. 부드러운 길이다. 그게 중년의 삶이고 길이다. 나는 그래서 중년의 나이가 된 게 좋다. 밭게 살지 않아도 모든 게 용인되는 나이가 되는 데 서른의 강을 두 번이나 건너지 않았는가.

제대로 누리려면 속도를 조금 눅여도 좋다. 아니, 그래야 한다.

속도는 기계의 시간이고 느림은 자연의 시간이다.
중년은 기계의 시간에서 자연의 시간으로
전이하는 시간이다.

;

올레를 걷는 것은 '느리게 산다는 것'을 몸으로 느끼고 머리로 인식하며 가슴으로 자신을 공명시키는 일이다. 오름의 완만한 경사는 굳이 빠르게 올라야 할 빠듯함이 아니다. 오름은 만만해서 혹은 오름의 특이한 모습이나 오름에서 얻을 수 있는 독특한 풍광 때문이 아니라 그 완만함이 얼마나 소중하고 애틋한 것인지 누리는 길을 지니고 있어서 좋다.

제주에서 만나는 사람들을 유심히 보면 바쁘게 움직이는 이들이 별로 없다. 제주에 사는 사람이건 제주를 방문한 사람이건. 그게 제주의 진짜 매력 가운데 하나다. 올레든 오름이든 빨리 걷는 길이 아니다. 그럴 필요도 없다. 자연스럽게 천천히 걷는다. 그렇게 자연과 동화한다. 자연과 호흡하는 게 거창한 게 아니고 대단한 사상이 필요한 것도 아니다. 그야말로 '자연스럽게' 자연의 일부가 되어 자연을 느끼는 것이다. 빠름에서는 발견할 수 없는, 느림이 주는 선물이다. 천천히 움직이면 내 몸

의 모든 움직임을 세밀하게 느낄 수 있다. 천천히 걷는 일은 그
래서 자연으로 들어가는 여권이고 비자다. 오름이나 올레를
'빨리' '정복'하겠다는 마음을 갖고 걷는 이는 거의 없다.

천천히 느리게 걸으면서 생각과 느낌의 갈래가 분화되고 진
화된다. 무턱대고 느림은 아름답다며 '느림의 미학' 운운하는
건 촌스러운 일이다. 그냥 느려서 아름다운 게 아니다. 마음과
생각이 농밀해지는 속도여서 아름다운 것이다. 그게 지혜를 깨
닫는 시간이다.

지혜가 거창하고 대단한 건 아니다. 소소한 것에서 깨달음을
발견하고 일반적인 것에서 의식하지 못하는 자신의 허물을 깨
닫는 것이다. 지혜와 여유는 같은 집에 사는 가족이다. 《채근
담》은 말한다. "세월은 본래 길건만 바쁜 자는 스스로 줄이고,
천지는 본래 넓건만 천한 자는 스스로 좁힌다. 바람과 꽃과 눈
과 달은 본래 한거(閑居)하지만 악착같은 자는 스스로 분주하

○
○

다."그걸 깨닫는 게 지혜다. 내 주변의 사물 하나하나의 모든 질감을 천천히 촉각적으로 상상해보는 것만으로도 뜻밖에 많은 것을 사유하고 감각할 수 있다. 느리다는 건 단순히 속도를 뜻하는 게 아니다.

"행복이란 그리 대단한 게 아니야. 햇볕에 말린 이불이 좋다고 느끼는 것, 그런 게 바로 행복이야."

나츠하라 타케시의 만화《검은 사기》에 나오는 말이다. 때로는, 그것만으로도 충분하다.

우리는 빠른 속도 덕에 '시간'을 얻었지만,
또다시 속도를 얻기 위해 더 많은 '시간'을 쓴다.
안락 없는 되돌이표의 무한 반복이다.

;

지금은 KTX로 서울에서 부산까지 2시간 15분이면 간다. 동
창들과 얼마 전 경주 수학여행 갈 때는 서울에서 2시간도 채
안 걸렸다. 고등학교 때 용산역에서 경주까지 갈 때는 '특급'
열차로 거의 한나절 걸렸다. 그래도 그 기차에서 얼마나 즐거
웠는지. 지금 그렇게 가라면 모두 손사래 칠 것이다. 제법 빠른
새마을itx 열차로 가는 것도 꺼리는데. 우리는 빠른 속도 덕에
많은 시간을 얻었다. 그 비용을 얻기 위해 많은 시간 일한다.

KTX는 풍경 따위는 고려하지 않는다. 오로지 빠르게 직진
해서 시간을 얻어야 하는 기물이다. 하지만 조금 느린 무궁화
열차는 창밖으로 모든 풍경을 담아낸다. 그 풍경은 돈으로도
사지 못하는 선물이다. 그걸 놓치며 사는 것 같아서 가끔은 안
타깝다. 업무도 아닌 여행을 가면서도 일단 빠른 것만 택한다.
비용은 중요하지 않다. 시간이 돈이니까. 그러려고 돈 번 거니
까. 하지만 속도와 안락이 일상의 절대적인 것은 아니다. 가끔

은 거기에 저항하는 맛도 쏠쏠하다. 바쁘지 않다면 그런 느림
과 불편도 누려볼 만하다. 그러면서 얻는 비용의 절감과 느긋함
은 덤이다. 바쁘고 편하게만 사는 게 늘 좋은 건 아니지 않은가.

　아주 바쁘지만 않으면 대전에 갈 때는 KTX 대신 무궁화열
차를 탄다. 시간은 두 배 더 걸린다. 하지만 한 시간만 일찍 나
서서 덜어놓으면 아주 천천히 창밖 풍광을 누리며 갈 수 있다.
그걸 놓치면서 바쁘게만 사는 걸 경계하면서. 솔직히 아직까지
는 일 때문에 대구에 갈 때 무궁화열차를 탈 엄두는 나지 않는
다. 하지만 언젠가 2시간 더 덜어내고 덜 조바심 내며 대구까
지 느리게 가볼 생각이다. 빠르고 편한 게 전부는 아니니까.

**빈틈이 없으면 밖에서 안으로 틈입할 수 없지만
동시에 안에서 밖으로 나갈 여지도 없어진다.**

;

만사불여튼튼이다. 사람들이 겉으로 보는 것과 달리 나는 꼼꼼하고 치밀한 구석이 모자란다. 같은 일을 반복하는 일이 지겹다. 부끄러운 고백이지만, 내가 쓴 원고를 퇴고하는 일조차 싫어한다. 매사 야무지게 해내는 이들을 보면 부럽고 내 무능이 한심스러운 때가 많다.

젊었을 때는 빈틈을 보이는 게 끔찍하게 싫었다. 지금은 조금 순화(?)되었지만 그때는 외모도 날카롭고 차갑게 보이는 인상이어서 적당히 거리만 유지해도 남들이 쉽게 대하지 못했다. 심지어 선배나 교수들도 나를 만만하게 대하지 못했다. 어린 마음에 그게 좋았다. 그래서 일부러 그런 모습으로 보이도록 더 노력했다. 말투도 딱딱하고 표정도 차가웠다.

어느 순간 그게 내가 만든 감옥이라는 걸 알았다. 빈틈없는 것처럼 보이는 게 상대를 피곤하게 할 뿐 아니라 나도 편하게 상대에게 다가가기 어렵다는 걸 뒤늦게 깨달았다. 내가 의외로(?) 허당끼가 있다는 걸 상대가 알면 오히려 좋아하고 경계를 푼다는 것도 알았다. 상대가 만만하게 들어오지 못하게 빈틈없이 보이는 건 내가 나갈 출구도 함께 틀어막는 것이다. 내가 계산에 젬병이고 물건 놓았던 곳을 기억하지 못하는 걸 알게 되면서 오히려 그걸 채워주고 도와주는 사람이 생긴다. 반드시 치밀해야 하는 일을 제외하곤 적당히 어수룩하면서 빈틈도 폭죽처럼 터뜨리는 게 얼마나 편하고 즐거운 일인지 뒤늦게 깨닫는다. 조금 더 일찍 알았더라면 사는 게 조금 더 즐거웠을 텐데.

나는 여전히, 아직도 고도를 기다린다.
그리고 이제는 그 기다림을 즐긴다.

;

사무엘 베케트의《고도를 기다리며》는 대표적인 부조리극이다. 극은 길지 않다. 두 개의 막으로 구성된 희비극이다. 두 부랑자 에스트라공과 블라디미르. 그들은 오지도 않는 고도를 계속 기다린다. 50년 동안 오지도 않았던 고도가 과연 올까? 그 믿음의 근거는 확실한가? 첫 장면에서 에스트라공은 계속해서 신발을 벗으려고 하지만 힘이 빠져 같은 동작을 되풀이한다.

에스트라공과 블라디미르의 대화는 계속해서 엇갈린다. 각자 자기 말만 하고 있는 셈이다. 우리 대화가 그렇듯. 삶이 그러한 단순하면서도 엇갈리는 기다림이라면 그 이상의 부조리가 있을까? 기다림은 아무 의미 없이 되풀이되는 '신발 벗기'와 무엇이 다른가. 이 연극(희곡)은 오직 고도를 기다리는 것뿐이다. 매일의 삶이 기다림뿐이다. 과거도 미래도 없다. 오직 현재뿐이다. 무료함과 두려움을 덜어내기 위해 그들은 무수히 지껄인다. 그러나 고도는 다음 날을 기약하는 전갈만 보낼 뿐 오

늘도 오지 않는다. 고도는 끝내 오지 않는다. 소년 전령을 통해
전해진, 오늘은 오지 못하고 내일은 꼭 온다는 전갈을 들었을
때도 우리는 그가 오지 않을 것임을 직감한다. 내일은 또 같은
대답을 할 것임을 우리 모두 안다.

도대체 고도는 누구인가? 여전히 고도의 정체는 오리무중이
다. 에스트라공도 블라디미르도 정확하게 언제 누구에게서 고
도를 들었는지 모른다. 정체가 없다. 어쩌면 그것은 시간도 공
간도 아니며 존재도 아닌, 그래서 내 안에 있는 어떤 것인지도
모른다. 과거도 미래도 아닌 오직 반복되는 현재에만 존재하
는. 둘은 50년 동안 그러고 있다. 막이 내릴 때까지.

블라디미르: 자, 떠날까?
에스트라공: 떠나지.
그들은 움직이지 않고 서 있다.

○
○

(막이 내린다.)

이 모습을 내 삶으로 투사하면 끔찍하고 두렵다. 그러나 그
게 진실이다. 낯설고 거부하고 싶지만 저항할 수 없는 진실. 그
게 부조리의 힘이다. 두 사람은 끝내 고도를 만나지 못한다. 그
러나 그 '기다림'이 그들을 50년 동안 버티게 했던 힘이었고,
기다리는 순간은 모든 현재의 밀도가 거기에 압축해서 담겼다.

나이 들수록 살아온 세월이 허망하다 여길 것이다. 그러나
우리는 모두 뭔가를 꿈꾸고 기다리며 살았다. 오지 않을 것이
라고 포기하는 게 아니라 기다림을 즐길 수 있다고 생각하면
버틸 수 있다. 그 기다림이 지치고 허망한 게 아니다. 그 힘으
로 살아왔다. 나는 여전히, 아직도 고도를 기다린다. 그리고 이
제는 그 기다림을 즐긴다. 이제야 그걸 깨닫는다. 그 삶에 감사
하며.

갑옷이 나를 보호해주는 것이 아니라
갑옷 무게를 견디느라 몸이 고생한다.
제 옷인 줄 알고 벗을 줄 모른다.

;

갑옷은 나를 보호해준다. 무겁고 불편하지만 나를 위협에서 지켜주니 기꺼이 받아들인다. 그러나 늘 갑옷을 입고 산다고 상상만 해도 끔찍한 일이다. 나이 들면 허술한 구석이 많아져야 한다. 무너지는 게 아니라 인정하는 것이다. 그걸 부인하고 저항하려 들면 올무에 갇힌다. 일부러라도 그런 구석 만들어야 한다. 가끔 흐트러져도 좋다.

한 구석 허술하게 내려놓는 건 포기하는 게 아니다. 그건 내 일상에 대한 도발이다. 즐겁고 유쾌한 도발이다. 내게 도발하지 못하면 내 삶에 대한 도발도 꿈꾸지 못한다. 도발은 도전이다. 신선한 자극이며 작은 모험이다. 과감하게 흐트러지는 것도 유쾌한 도발이다. 갑옷 좀 벗고 살자. 무게 잡는다고 알아주는 것도 아니다. 뒤에서 욕한다. 갑옷? 그거 개뿔도 아니다!

**어중간하면 어떤가? 명료한 게 최상은 아니다.
어중간한 부분이 있어야 숨통 트고 산다.**

;

　제주도 중산간이 좋다. 높은 산도 아니고 멋진 오름도 아니다. 어중간한 곳이다. '어중간'의 사전적 의미는 '거의 중간쯤 되는 곳, 또는 그런 상태'다. 그러나 그 말이 갖는 의미는 사전적 의미와는 달리 이도 아니고 저도 아닌, 그래서 쓸모도 없고 정체성도 모호한 경우를 지칭한다. 좋은 뜻으로 쓰이는 말이 아니다. 어떤 사람을 '어중간하다'고 할 때는 부정적인 의미나 의도로 쓰인다.

　중산간은 고지와 평지의 중간지대다. 백록담이나 윗세오름의 출발점이기도 한 중산간은 한라산의 가장 넓은 지역을 차지하며 생태적으로도 변화하는 지점이기도 하다. 높은 산지와 낮은 평지의 공존과 변환의 지역이다. 종의 다양성으로 치면 가장 풍부한 곳이다. 그러나 그곳을 오르는 성취감도 없고 오름처럼 색다른 맛을 주지도 않는 까닭에 일부러 찾아가는 경우는 거의 없다. 스쳐 지나는 '어떤 곳'에 불과하다. 하지만 생태적인

면에서나 경관에서 한라산과 제주도의 특징을 잘 간직한 곳이
바로 중산간이다. 제주에 갈 때마다 중산간 길을 찾는다. 어중
간의 의미를 새삼 새기면서.

어중간은 한쪽에 쏠리지 않는다. 중간에서 완충의 역할도 한
다. 어중간은 이도 아니고 저도 아닌 게 아니라 이것도 품고 저
것도 품는 너그러움일 수도 있다. 조직에서도 그런 인물이 필
요하다. 개인에게도 그런 품성이 필요하다. 매사 경계가 또렷
하고 명료한 것만 있을 수 없다. 그 경계(境界)를 허물고 경계
(警戒)를 누그러뜨리는 요소와 인간이 필요하다.

내 안에 어떤 어중간이 있는가. 얼마나 넉넉한 어중간이 있
는가 너그럽게 생각해볼 일이다. 가끔은 어중간한 것도 좋다.
늘 각 세우고 살 것도 아니지 않은가.

좀 틀리면 어때?
좀 서툴면 어때!

;

칼 세이건의 《창백한 푸른 점》을 읽다 보면 저절로 겸손을 배운다. 죽일 듯 싸우고 전쟁하듯 일상을 살아가며 한 치라도 남을 이겨내려고 아등바등 모질게 살지만, 보이저호에서 찍은 한 장의 사진에서 지구는 그저 작고 희미한, '창백한 푸른 점'에 불과하다. 그저 좁쌀 하나처럼 보인다.

늘 불안해하며 산다. 좀 틀리면 어떻고 좀 서툴면 어떤가. 그것들 때문에 인생 망하는 것 아니고 세상 끝나는 거 아니다. 인간이 지구를 떠나 우주로 가는 건 역설적이게도 지구를 발견하기 위함이고 우리 삶을 성찰할 계기를 준다. 칼 세이건은 과학적 진리를 감성적 공감으로 이끌어주는 탁월한 과학자다. 그는 물리적 공간이나 천문학적 지식 차원의 우주를 넘어서 정신과 물질, 생명 등의 존재론과 인식론에 기반한 우주를 보여준다. 《코스모스》에서 보여준 탁월한 혜안과 놀라운 글 솜씨에 이끌려 따라가며 만나는 건 이 광대한 우주적 시선에서 볼 때, 이

○
○

세상은, 나는, 인간이란 무엇인가에 대한 성찰이다.

"지구는 광대한 우주의 무대 속에서 하나의 극히 작은 무대에 지나지 않는다. 이 조그만 점의 한 구석의 일시적 지배자가 되려고 장군이나 황제들이 흐르게 했던 유혈의 강을 생각해보라. 또 이 점의 어느 한 구석의 주민들이 구별할 수 없는 다른 한 구석의 주민에게 자행했던 무수한 잔인한 행위, 그들은 얼마나 빈번하게 오해를 했고, 서로 죽이려고 얼마나 날뛰고, 얼마나 지독하게 서로 미워했던가 생각해보라."

칼 세이건이 던지는 묵직한 화두는 너무 빡빡하게, 밭게, 남을 깔아뭉개며 치열하게, 성공에 대한 집착 때문에 스스로에게 가혹하게 대하는 게 얼마나 무의미한 일인지 깨닫게 한다. 조금은 헐겁고, 서툴며, 모자라도 그게 내 삶이고, 내 삶은 나에게는 그 자체로 우주적 사건이다. 그런 적당한 오만함으로 넉넉하게 살고 싶다.

모질게 살 것 없다.
균형만 잃지 않으면 된다.

;

　아무도 대충 살지는 않는다. 부지런한 사람의 눈에는 조금 느슨하게 사는 사람이 게을러 보이고, 성공의 욕망이 강한 사람의 눈에는 유순하기만 한 사람이 흐리멍텅하게 보일지 모르지만 누구나 나름대로 최선을 다해서 산다. 그걸 비난할 권리는 누구에게도 없다. 다만 타인에게 위해나 불이익을 초래하는 일에 대해서는 엄격하게 제한해야 한다. 우리는 독불장군으로 살지 않는다.

　열심히 사는 것, 당연히 좋은 일이다. 권리이며 의무다. 내가 열심히 일해야 가족이 안심하고 살 수 있다. 나의 성취뿐 아니라 가족의 기회를 위해서도 우리는 최선을 다한다. 그러나 열심히 사는 것, 최선을 다해 사는 것이 아등바등 사는 것과 등치(等値)는 아니다. 그리고 싶어서 아등바등 사는 사람 없다. 그럴 수밖에 없는 상황이니 어쩔 수 없이 그렇게 사는 경우가 훨씬 더 많다. 그런 식으로 열심히 산다. 대부분 우리 서민이 사

○
○

는 것처럼.

꼴사납게 아등바등 대는 이도 있다. 성취욕에만 매달려 수단과 방법 가리지 않거나 그렇게 살지 않으면 큰일이라도 날 것 같은 두려움 때문에 그러는 사람도 있다. 유진 오닐의《밤으로의 긴 여로》에서 아버지 타이론의 돈에 대한 집착은 아일랜드 출신의 배우인 그가 겪었던 가난에 대한 공포에 기인한다. 노후에 돈이 없다면 그는 보호소에 수용되어 살다가 생을 마감할지 모른다는 강박에 갇혀 산다. 마을의 실력 없는 의사 하디에게 동생을 맡긴 건 진료비가 1달러밖에 안 들기 때문이라고 따지며 대드는 큰아들과 변명을 늘어놓는 아버지의 대립을 보자.

제이미: 형편이 못 된다고요? 아버지는 이 일대에서 가장 넓은 땅을 가진 축에 속해요.

타이론: 그렇다고 해서 부자는 아니야. 그 땅들은 죄다 저당

○
○

잡혀 있는 판인….

제이미: 저당금은 갚지 않고 자꾸 땅만 더 사들이니까 그렇
죠. 에드먼드가 아버지가 좋아하는 땅덩어리였다면 있는 대
로 돈을 들였을 거예요!

타이론의 비극은 아등바등 살면서 다른 가족들까지 그 회오
리에 휩쓸리게 한다는 데에서 기인한다. 자신과 화해하지 못하
는 삶이다. 조금의 균형감각만 가져도 그 올무에서 벗어날 수
있다. 고집스럽고 악착같기만 해지는 나이 듦은 추하다. 그걸
열심히 사는 것이라고 착각한다.

아니다. 그건 열심히 사는 게 아니라 고통스럽게 살도록 자
신을 방치하는 것이다. 아등바등 산다고 해결되지 않는다.

설렘이 없으면 삶은 단순히 의무가 된다.

;

    설렘이 있는 나날은 그 자체로 행복하다. 설렘이 없는 삶은 희망이 없는 삶이다. 삶도 사랑도 설렘이 없으면 그대로 박제된다. 한 걸음씩 오를 때마다 어떤 곳을 향한 설렘이 있어서 즐겁게 받아들일 수 있다.

    오늘, 내 삶은 어떤 설렘으로 채워지는가.

김경집의 인문 아포리즘

인생의 밑줄

ⓒ 김경집, 2019

초판 1쇄 발행 2019년 9월 25일
초판 2쇄 발행 2019년 11월 7일

지은이 김경집
발행인 이상훈
편집인 김수영
본부장 정진항
인문교양팀 김단희
마케팅 조재성 천용호 박신영 조은별 노유리
경영지원 정혜진 이송이

펴낸곳 한겨레출판(주) www.hanibook.co.kr
등록 2006년 1월 4일 제313-2006-00003호
주소 서울시 마포구 창전로 70(신수동) 화수목빌딩 5층
전화 02)6383-1602~3 **팩스** 02)6383-1610
대표메일 book@hanibook.co.kr

ISBN 979-11-6040-298-8 03100

• 책값은 뒤표지에 있습니다.
• 파본은 구입하신 서점에서 바꾸어드립니다.

만든 사람들
기획편집 오혜영
디자인 엄혜리